fotoforum

Crashkurs

Peter Hoffmann

Affinity Photo

Das Workshop-Buch für den schnellen Einstieg

Affinity Photo

Affinity Photo ist ein vielseitiges und leistungsstarkes Bildbearbeitungsprogramm. Dieser Crashkurs zeigt Ihnen, welche Funktionen für Fotografen wichtig sind und wie Sie Ihre Fotos Schritt für Schritt entwickeln, optimieren und in der kreativen Gestaltung nutzen.

Affinity Photo kam Mitte 2015 erstmalig für den Mac auf den Markt. Dort machte es sich schnell einen Namen als günstige und leistungsfähige Konkurrenz zu Adobe Photoshop. Insbesondere die Tatsache, dass Affinity Photo als Kaufversion und nicht als Abo-Version gehandelt wird, begeistert bis heute viele Fotografen und Bildbearbeiter. Seit 2017 gibt es das Programm auch für Windows.

Funktionsvielfalt

Wer Fotos bearbeiten möchte, benötigt zunächst einen Editor, der alle für die Fotografie relevanten Dateiformate verwenden kann. Mit Affinity Photo sind Sie da auf der sicheren Seite. Die Palette der Dateiformate reicht von PNG über TIFF, PSD bis hin zu PDF oder EPS, um einmal nur die für das Webdesign und für das professionelle Druckdesign wichtigen Formate zu nennen. Für Fotografen ist es relevant, dass JPEG und RAW-Dateien geöffnet werden können.

Für die Entwicklung von RAW-Dateien bietet Affinity Photo einen in die Programmoberfläche integrierten RAW-Konverter an, der unter anderem eine profilbasierte automatische Korrektur von Objektivfehlern ermöglicht.

Fotografieren Sie Panoramen, nutzen Sie Belichtungsreihen, um kontrastreiche Szenen aufzunehmen, oder erstellen Sie Fokusreihen, um den Schärfebereich im Makrobild zu verbessern, so finden Sie in Affinity Photo die passenden Werkzeuge für das Stitchen von Panoramen (selbst 360°-Panoramen lassen sich bearbeiten), das Entwickeln und Tonemapping von HDR-Bildern und für das Focus Stacking.

Ambitionierte Bildbearbeiter benötigen allerdings noch weitere Features, wie zum Beispiel die Unterstützung unterschiedlicher Farbräume. Affinity Photo zeigt sich auch hier breit aufgestellt: Neben RGB und CMYK wird auch der LAB-Farbraum unterstützt. Und die meisten Filter und Anpassungen bleiben beim Wechsel zwischen den Farbräumen nutzbar.

Die Entwicklung von RAWs erfolgt in der sogenannten Develop Persona stets so, dass das ursprüngliche Bild nicht verändert wird. In der Photo Persona ist dies durch die Verwendung von Anpassungsebenen sichergestellt. Sie setzen die Anpassungsebenen zur Tonwertkorrektur ein, aber auch zur Farbanpassung, zur Korrektur von Objektivfehlern oder um mit einem Softproof zu schauen, wie ein Druck auf einem bestimmten Papier aussehen wird – durch entsprechende Anpassungen vermeiden Sie auf diese Weise teure Fehldrucke.Weiterhin integrieren sich Live-Filterebenen in das Konzept zerstörungsfreien Arbeitens. Sie wenden so Filter zum Weichzeichnen und Scharfzeichnen auf das Bild an. Bei Bedarf nutzen Sie Live-Filter aber auch, um Fotos zum Beispiel perspektivisch zu verzerren oder um Beleuchtungseffekte auf ein Bild anzuwenden. Die Wirkung von Anpassungsebenen und Live-Filterebenen auf die im Ebenenstapel tiefer liegenden Ebenen modifizieren Sie durch den Wechsel von Mischmodi und Deckkraft.

Wer in der Bildbearbeitung experimentiert, wird unweigerlich falsche Wege ausprobieren. Im Kontext des verlustfreien Arbeitens ist ein Rückgängig-Protokoll, das auch die Rekonstruktion älterer Arbeitssitzungen ermöglicht, ein signifikanter Baustein.

Damit sich Anpassungen und kreative Veränderungen nicht immer auf das gesamte Bild auswirken, ist es wichtig, dass Affinity Photo mit Auswahlpinsel, Freihandauswahlen und diversen Auswahlrahmen Werkzeuge bereitstellt, mit denen Änderungen präzise einzugrenzen sind. Selbst komplexe Auswahlen wie Sie bei Fell und Haaren notwendig sind, gelingen durch programmunterstützte Verfeinerungen schnell und einfach, was auch die Fotomontage erleichtert. Arbeiten Sie gern mit Text, so bietet Affinity Photo Textwerkzeuge und Designhilfen, wie man Sie aus dem Desktop Publishing kennt.

Der Crashkurs

Der kurze Blick auf die Funktionsvielfalt von Affinity Photo zeigt, dass dieses Programm für Fotografen und Bildbearbeiter kaum Grenzen bietet.

Der vorliegende Crashkurs

- stellt Ihnen die wesentlichen Programmfunktionen im Detail vor und vermittelt wichtiges Grundlagenwissen zur Bildbearbeitung
- zeigt Ihnen, wie Sie Schritt für Schritt Ihre Fotos korrigieren und optimieren
- versetzt Sie in die Lage, Ihre Gestaltungsideen mit Affinity Photo umzusetzen.

Peter Hoffmann entdeckte sein Faible für die Fotografie schon als Jugendlicher. Im eigenen Fotolabor auf dem Küchentisch entwickelte er Schwarz-Weiß-Fotos, später auch Farbbilder. Nach dem Studium arbeitete Peter Hoffmann als EDV-Dozent. Seit mehr als zwanzig Jahren gibt er sein Know-how in Seminaren und Workshops zu Fotografie und Bildbearbeitung weiter – und das mit großer Begeisterung. Denn das Vermitteln von Fotowissen ist – neben der Fotografie – seine zweite große Leidenschaft.

Inhalt

Installieren und einrichten

Affinity Photo können Sie unmittelbar nach der Installation verwenden, ohne die Voreinstellungen zu verändern. Der Blick unter die *Motorhaube* hilft jedoch, das Programmverhalten an Ihre spezifische Arbeitsweise anzupassen. Wichtige Einstellungen schauen wir uns hier an.

Beim Einrichten von Affinity Photo dürfte vor allem der Bereich **Farbprofile** Fragen aufwerfen, sollen Sie hier doch zwischen unterschiedlichen Farbprofilen wählen. Der für Fotografen wichtigste Farbraum ist der RGB-Farbraum. Jede Kamera, jeder Scanner zeichnet Bilder in diesem Farbraum auf. Und Monitore sind RGB-Monitore. Beim professionellen Druck werden Sie jedoch häufig dem CMYK-Farbraum begegnen.

Die Abkürzung RGB steht für Rot, Grün und Blau und beschreibt einen additiven Farbraum. Das heißt: Durch das Mischen der drei Grundfarben entsteht Weiß. Anders bei CMYK. Hier werden die Grundfarben Cyan, Magenta und Yellow gemischt. Es entsteht (theoretisch) Schwarz. In der Praxis wird mit Schwarz (Key) gedruckt.

Über die Einstellungen an Ihrer Kamera legen Sie fest, wie viele Farben von ihr aufgezeichnet werden sollen. Bei der Entscheidung für sRGB wählen Sie den im Vergleich zu Adobe RGB (1998) kleineren Farbraum, der zudem weniger Grüntöne differenziert. Grüntöne können jedoch vom Menschen sehr gut unterschieden werden und der Druckfarbraum deckt mehr Grüntöne ab, als im sRGB-Farbraum geliefert werden. Anders der Adobe RGB-Farbraum, der recht deckungsgleich zum CMYK-Farbraum ist. Drucken Sie Ihre Fotos regelmäßig aus, ist Adobe RGB die bessere Wahl. Zeigen Sie Ihre Fotos dagegen vor allem am Bildschirm oder verfügen Sie nicht über einen Monitor, der den Adobe RGB-Farbraum abdecken kann, ist sRGB in der Anwendung unkomplizierter. Entscheiden müssen Sie sich nur, wenn Sie im JPEG-Format speichern, da die Wahl des Farbraums als Dateiinformation gespeichert wird. Entscheiden Sie sich jedoch für das RAW-Format Ihrer Kamera, wird die Entscheidung vertagt, bis Sie in der **Develop Persona** von Affinity Photo das Ausgabeprofil bestimmen. Die differenzierte Tonwertunterscheidung ist ein weiterer Pluspunkt des RAW-Formates.

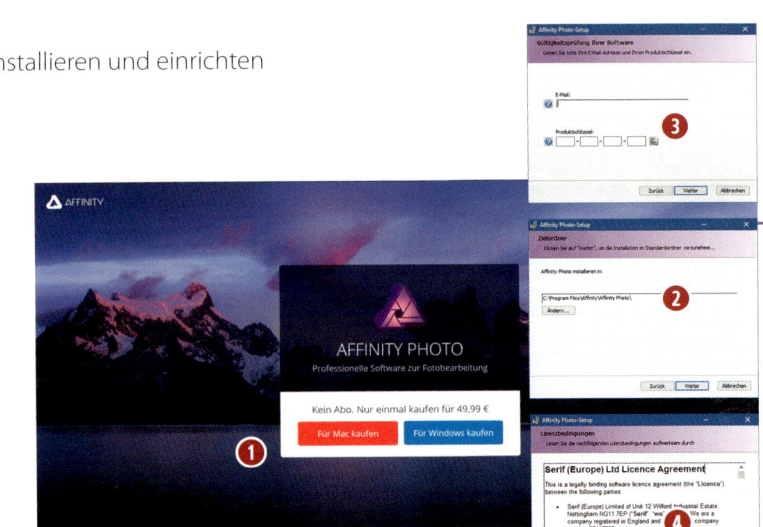

Kauf und Installation

Affinity Photo wird ausschließlich als Download über die Webseite **https://affinity.serif.com/de/photo** verkauft. Hier wählen Sie, für welches ① **Betriebssystem** Sie das Programm kaufen. Ist der Download abgeschlossen, klicken Sie im Downloadverzeichnis doppelt auf die Installationsdatei. In den nächsten Schritten legen Sie fest, auf welchem ② **Laufwerk** Affinity Photo installiert werden soll und Sie geben Ihre ③ **Lizenzdaten** – Mailadresse und den Lizenzschlüssel – ein. Wie stets lohnt es während der Installation ein Blick in die ④ **Lizenzbestimmungen**, die Ihnen als Privatperson das Recht zugestehen, Affinity Photo auf mehreren von Ihnen persönlich genutzten Rechnern zu verwenden.

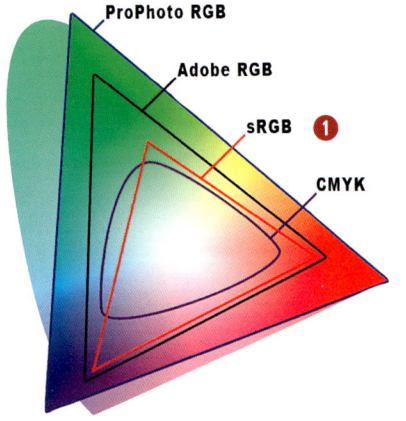

Farbräume und Rendering Intents

Bei der Aufnahme und Wiedergabe von Farbe treten zwei Probleme auf: Zum einen können Kameras, Monitore und Drucker nicht alle sichtbaren Farben aufzeichnen oder reproduzieren. Zum anderen setzt jedes Gerät die gleiche Farbe anders in RGB-Werte um. ICC-Profile beschreiben für ein Gerät, wie es Farbe aufzeichnet oder wiedergibt. In der Praxis verwendet man jedoch häufig ① **geräteunabhängige Arbeitsfarbräume** wie sRGB für einen medienneutralen Workflow. Die unterschiedliche Ausdehnung der Farbräume erfordert in vielen Fällen eine Umrechnung und Anpassung an den jeweils gewünschten Farbraum. *Rendering Intents* beschreiben die dabei gewählten Methoden.

Farbprofile einstellen

In **Einstellungen** → **Farbprofile** legen Sie fest, wie Affinity Photo mit Farben umgehen soll. Wählen Sie als ① **RGB-Farbprofil** das an der Kamera für JPEG-Aufnahmen eingestellte Farbprofil: Meist **sRGB** oder **Adobe RGB**. Bei der Wahl des RGB-Farbraums bedenken Sie, das der kleinere sRGB-Farbraum sinnvoll ist, wenn Sie keinen Monitor verwenden, der den Adobe RGB-Farbraum abdeckt und wenn Sie Ihre Fotos in der Regel nicht selbst drucken, häufig aber im Web zeigen. Der Adobe RGB-Farbraum deckt den größeren Farbraum ab und eignet sich besser zum Druck. Als ② **Rendering Intent** wählen Sie **Relativ farbmetrisch**. Bei ③ **Farbraumkonflikten** lassen Sie sich warnen.

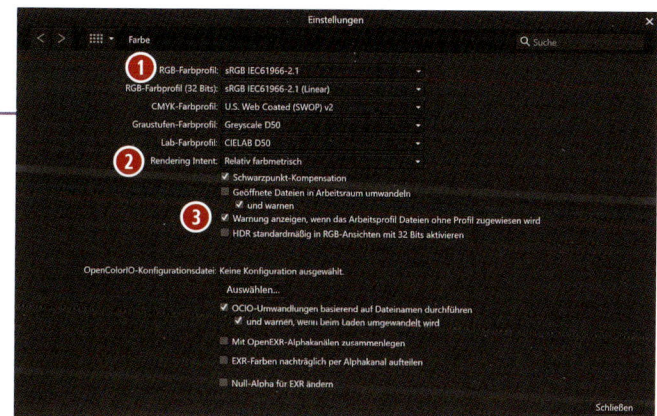

Performance optimieren

Normalerweise werden Sie während der Bildbearbeitung keine weiteren Programme verwenden. Deshalb gestatten Sie Affinity Photo, über den Einstellungsbereich **Performance** für eine optimale Arbeitsgeschwindigkeit möglichst viel ① **Arbeitsspeicher** zu verwenden. Die weiteren Werte sind in der Regel schon optimal festgelegt. Einen Blick sollten Sie auf das Feld ② **Rendern mit** werfen. In vielen Rechnern stehen heute zwei Grafikkarten zur Verfügung: Eine Onboard-Grafikkarte, die für Office-Programme ausreichend Leistung bereitstellt, und eine weitere Grafikkarte mit eigenem Video-Arbeitsspeicher. Wählen Sie diese Grafikkarte für eine flüssigere Bildbearbeitung aus..

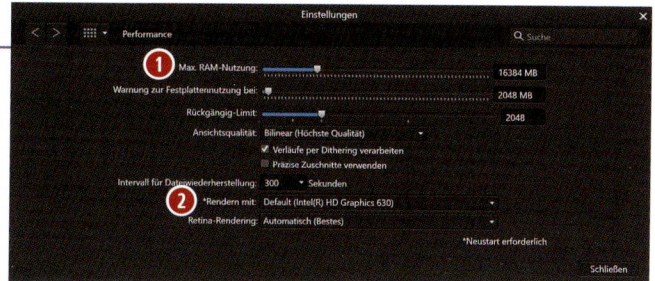

Einstellungen für Werkzeuge

Gerade bei Monitoren mit hoher Auflösung können Anfasser, wie sie zum Beispiel beim Verschieben oder Drehen einer Ebene genutzt werden, sehr klein sein. In diesem Fall ändern Sie die ① **Größe der Werkzeugmarker.** Das mittlere Mausrad können Sie verwenden, um die Vorschau zu zoomen oder um die Vorschau zu scrollen. Legen Sie Ihre primäre Nutzung über ② **Mausrad zum Zoomen verwenden** fest. Durch Drücken der Strg -Taste können Sie in der Praxis aber stets zwischen beiden Funktionen wechseln. Ein Drücken der ⇧ -Taste (Strg ⇧ , wenn Zoomen die Primärfunktion ist) wechselt beim Scrollen zwischen horizontalem und vertikalem Scrollen.

Studio-Bereich anpassen

Die Paletten im Studio-Bereich blenden Sie bei Bedarf über **Ansicht →**
Studio ein oder aus. Über diese Befehlsfolge setzen Sie individuelle Konfigurationen jederzeit auf den Installationsstandard zurück. Möchten Sie, was etwa bei einem Zweimonitorbetrieb sehr hilfreich sein kann, einzelne ① **Paletten frei platzieren**, klicken Sie den ② **Reiter** mit dem Namen der Palette an und ziehen die Palette an die von Ihnen gewünschte Position. Zum Schließen der Palette klicken Sie auf das ③ **X** im Palettenkopf. Möchten Sie Paletten neu ④ **gruppieren**, ziehen Sie die Palette wie oben beschrieben auf eine andere Palette, die im Studio abgelegt oder frei platziert ist.

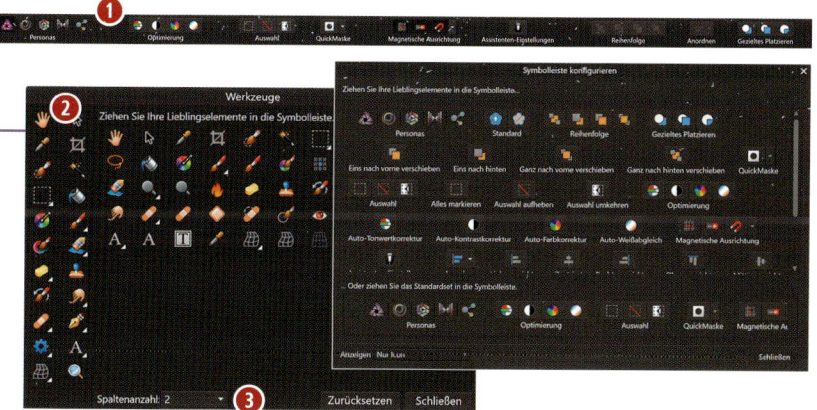

Symbol- und Werkzeugleiste anpassen

Über **Ansicht** passen Sie sowohl die ① **Symbol**-, als auch die ② **Werkzeugleiste** an Ihre Arbeitsgewohnheiten an. So besteht die Möglichkeit, die Werkzeugpalette abzudocken und anschließend frei zu platzieren. Über **Werkzeuge anpassen**, haben Sie die Möglichkeit, die ③ **Werkzeugleiste mehrspaltig** darzustellen. Weiterhin können Sie einfach per Drag & Drop Werkzeuge zur Leiste hinzufügen. Durch Ziehen ändern Sie die Reihenfolge. **Zurücksetzen** stellt den Standard wieder her. Die Möglichkeit zur Anpassung gilt in gleicher Weise auch für die Symbolleiste. Auch hier werden Elemente per Drag & Drop hinzugefügt oder durch Ziehen anders positioniert.

Lineale und Hilfslinien

① **Lineale** und ② **Hilfslinien** benötigen Sie zur Ausrichtung bei Fotomontagen. Blenden Sie sie über **Ansicht** ein und aus. Schneller geht es mit `Strg` `R` und `Strg` `:`. Über **Ansicht → Hilfslinien konfigurieren** erzeugen Sie nach Anklicken von ③ **Neue horizontale** oder **Neue vertikale Hilfslinie hinzufügen** benötigte Hilfslinien. Die Position ändern Sie durch ④ **Überschreiben** des Positionswertes. Tippen Sie hinter den Wert px (Pixel), in (Inch), mm oder cm, um das Maßsystem festzulegen. Für ⑤ **Prozent** hat das Dialogfeld eine eigene Schaltfläche. Wählen Sie das **Zoomwerkzeug** in der Werkzeugleiste und legen Sie in der Kontextleiste grundsätzlich das ⑥ **Maßsystem** fest

Personas kurz vorgestellt

In der Psychologie ist die Persona eine Maske. In Affinity Photo werden so die verschiedenen Arbeitsbereiche bezeichnet, in denen eine konkrete Aufgabe erledigt wird. Auf dieser und den nächsten Seiten schauen wir uns die einzelnen Personas und ihre Aufgabe genauer an.

Die **Photo Persona** steht im Zentrum der Bildbearbeitung mit Affinity Photo. Hier finden Sie alle Werkzeuge und Funktionen zur Korrektur und Anpassung von Fotos. Auswahlwerkzeuge unterstützen Sie, wenn Sie Teilbereiche im Bild verändern oder wenn Sie Bildelemente kopieren wollen, um eine Fotomontage zu erstellen, was Dank Ebenentechnik mit Affinity Photo möglich ist.

Die Benutzeroberfläche der **Photo Persona** zeigt links von der Vorschau die verfügbaren **Werkzeuge** an. Sobald Sie eines dieser Werkzeuge angewählt haben, erscheinen in der **Kontextleiste** automatisch die jeweils möglichen Einstelloptionen. Mit Blick auf die Nutzung des Programms gesprochen heißt dies, dass Sie immer erst das Werkzeug auswählen, um dann die Funktion des Werkzeugs festzulegen. Fahren Sie mit dem Mauszeiger über die Werkzeuge, werden im Tooltipp die Tastenkommandos angezeigt, mit denen Sie das jeweilige Werkzeug schnell aufrufen können.

Unterhalb der **Menüzeile** können Sie die **Symbolleiste** einblenden, mit der Sie zum Beispiel zwischen den verschiedenen Personas wechseln können. Wenn Sie diese Leiste jedoch nicht ständig benötigen, können Sie sie statt über Ansicht auch mit [Strg] [Alt] [T] ein- und ausblenden.

Rechts neben der Vorschau werden die **Studio-Elemente** angezeigt, die Sie über **Ansicht → Studio** ausgewählt haben. Alle Studio-Elemente lassen sich frei platzieren. Klicken Sie dazu auf den Reiter mit dem Namen des Elements und ziehen Sie das Element an die gewünschte Position. Über **Ansicht → Studio → Studio zurücksetzen** stellen Sie den Standard wieder her. Möchten Sie sich auf das Bild konzentrieren und **Werkzeuge, Kontextleiste** und **Studio-Elemente** ausblenden, drücken Sie [⇥]. Die Vorschau zoomen Sie mit [Strg] [＋] und [Strg] [－]. Mit [Strg] [0] passen Sie das Foto in den Vorschaubereich ein und [Strg] [1] erzeugt eine 100-Prozent-Vorschau.

Die Liquify Persona

Mit den Werkzeugen der **Liquify Persona** verschieben Sie mit Malwerkzeugen einzelne Pixel oder Pixelbereiche im Bild, um das Bild zu verformen oder um Bildbereiche zu verzeichnen. Der Aufbau der **Liquify Persona** unterscheidet sich auf den ersten Blick nicht von dem der **Photo Persona**. Allerdings finden Sie einige speziell angepasste ① **Werkzeuge** links neben der Vorschau. Auf der rechten Seite der Vorschau ändern Sie im Register ② **Gitter** die Größe und Farbe des automatisch eingeblendeten ③ **Rasters** oder blenden es ganz aus.

Zur Feineinstellung der Pinselwerkzeuge wählen Sie im Register ④ **Pinsel** im Studiobereich **Größe**, **Härte**, **Deckkraft** und **Tempo** als Parameter für das gerade verwendete Werkzeug. Sollten Sie es mit der Verzerrung

übertrieben haben, ist der Wechsel in das ⑤ **Protokoll-Register** hilfreich, um Schritt für Schritt die Bearbeitung zurückzusetzen.Die Bearbeitung in der **Liquify Persona** beenden Sie mit einem Klick auf die Schaltfläche ⑥ **Anwenden**.

Die Develop Persona

Die **Develop Persona** ist der für Fotografen neben der **Photo Persona** wohl wichtigste Arbeitsbereich. Die **Develop Persona** wird immer dann automatisch eingeblendet, wenn Sie ein RAW-Foto zur Bearbeitung auswählen und öffnen. Manuell können Sie die Persona jederzeit durch Anklicken des Schalters in der Symbolleiste der **Photo Persona** aufrufen. Rechts neben der Vorschau finden Sie im Studio-Bereich die Register ① **Histogramm** und **Bandbreite**, um die Tonwertverteilung im Bild zu kontrollieren. Mit den Steuerelementen in den Registern ② **Einfach**, **Objektiv**, **Details** und **Tonwerte** passen Sie das RAW-Foto so an, wie Sie es für weitere Bearbeitungsschritte benötigen. Haben Sie mit den ③ **Overlay-Werkzeugen** einen Bereich für eine selektive Anpassung gewählt, können Sie die Auswahlen über **Overlay** für eine optimierte Anpassung erneut auswählen oder auch eine neue Overlay-Ebene erzeugen. Neben den **Overlay-Werkzeugen** finden Sie in der Werkzeugleiste weitere ④ **Retusche-** und **Korrekturwerkzeuge**.

Die Tone Mapping Persona

Mit **Affinity Photo** können Sie Belichtungsreihen zu einem HDR-Foto kombinieren und anschließend in der **Tone Mapping Persona** entwickeln. Konkreter: Aus einem weder auf dem Monitor anzeigbaren, noch druckbaren Hochkontrastbild wird durch Kompressionsverfahren ein Foto entwickelt, das gedruckt und auf dem Monitor angezeigt werden kann. Für diesen, *Tone Mapping* genannten, Arbeitsschritt ruft **Affinity Photo** nach dem Entwickeln des HDR-Fotos die **Tone Mapping Persona** auf. In der Regel werden Sie hier zunächst eine der angezeigten ① **Vorgaben** als Ausgangsbasis für weitere Anpassungen auswählen. Im Studio-Bereich auf der rechten Seite finden Sie dazu die passenden Werkzeuge. Im Register ② **Farb-/Tonwerte** zum

Beispiel bestimmen Sie über die Tonkomprimierung, ob das Foto den typischen HDR-Look zeigen oder ob es eine eher realistische Anmutung haben soll, die Ihrem Seheindruck entspricht. ③ **Anpassungswerkzeuge** finden Sie links neben den Vorgaben.

Die Export Persona

Möchten Sie Fotos auf einer Webseite verwenden, kann es sinnvoll sein, wenn Sie diese in kleinere Teilbereiche, in ① **Slices** oder Kacheln aufteilen. Diese speichern Sie – falls notwendig – in verschiedenen Dateiformaten und mit unterschiedlichen Einstellungen. Mit dieser Technik können Sie das Ladeverhalten von Fotos auf Webseiten optimieren. Wenn Sie Fotos auf einer Webseite mithilfe einer Tabelle zusammenfügen, ist es möglich, einzelne Bildbereiche zum Beispiel mit einem Mouse-Over auszuwechseln. Für diese Aufgaben bietet die **Export Persona** die notwendigen Werkzeuge. In der Werkzeugpalette ist das vor allem das ② **Slice-Werkzeug**. Die von Ihnen in der Vorschau erzeugten Kacheln werden im Studio-Bereich im ③ **Register Slice** angezeigt. Hier wählen Sie für jedes Element das entsprechende Speicherformat oder die geeignete Auflösung und Qualität. Für den Fall, dass Sie diese differenzierten Speicheroptionen nicht benötigen, so lassen sich pauschal geltende Vorgaben unter ④ **Exportoptionen** machen.

Der Workflow im Überblick

Zwischen dem Öffnen einer Datei und dem Ausdruck liegen bei der Bildbearbeitung einige typische, immer wiederkehrende Arbeitsschritte zur Korrektur und Anpassung, die wir in diesem Kapitel in den Blick nehmen, bevor die nächsten Kapitel ins Detail gehen.

Schon die ersten Bearbeitungsschritte können eine Herausforderung sein. Denn je nach Ausgangsformat werden Sie einmal mit der Notwendigkeit einer RAW-Entwicklung in der **Develop Persona** konfrontiert sein, während Sie bei anderen Dateiformaten wie JPEG oder TIFF sofort mit der Bearbeitung in der **Photo Persona** beginnen. Für Fotomontagen beginnt der Workflow häufig über **Datei → Neu**. Danach allerdings werden Sie oft gleiche Arbeitsschritte durchführen: Stimmen die Seitenabmessungen des Fotos nicht oder möchten Sie den Bildausschnitt konzentrieren, werden Sie das Foto nachträglich zuschneiden. Häufig sind dann Retuschearbeiten erforderlich, mit denen zum Beispiel Flecken auf dem Sensor beseitigt werden. Mit dem Druck schließen Sie die Bearbeitung ab. Damit Sie jedoch einen optimal scharfen Ausdruck erhalten, ist der letzte Bearbeitungsschritt das Schärfen des Fotos zum Beispiel über **Unscharf maskieren**. Beim Speichern und Exportieren der Fotos sollten Sie im Blick behalten, was Sie später mit dem Foto machen möchten. Vor allem bei den letzten beiden Schritten werden Sie mit einer für die Bildbearbeitung typischen Problematik konfrontiert: Wie kann man verhindern, dass das Bildoriginal verändert wird? Wichtig ist hier, wann immer möglich nicht destruktiv zu arbeiten.

Dazu bestehen in Affinity Photo eine Reihe von Möglichkeiten: Zunächst einmal können Sie – etwa bei einem JPEG-Original – über **Datei → Speichern unter** eine Kopie anlegen. Haben Sie mit Ebenen gearbeitet, sollten Sie die Datei im AFPHOTO-Format speichern, um sicherzustellen, dass alle Ebenen, auch Einstellungs- und Filterebenen erhalten bleiben. Benötigen Sie ein Austauschformat, ist hier vor allem das TIFF-Format zu empfehlen.

Nicht destruktiv arbeiten Sie ebenfalls, wenn Sie in manchen Fällen die Bildebene duplizieren oder wenn Sie für notwendige Änderungen eine zusätzliche leere Ebene verwenden.

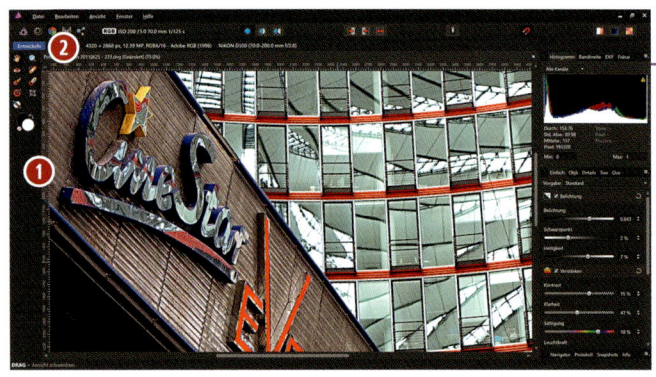

Dateien öffnen

Zur Bearbeitung einer Datei wählen Sie **Datei → Öffnen**. Über die Auswahlliste können Sie die Anzeige von Bilddateien auf spezielle Dateiformate einschränken, zum Beispiel auf AFPHOTO, das native Dateiformat von Affinity Photo. Sie können aber auch gezielt nach RAW-Dateiformaten suchen, nach PSD- oder JPEG-Dateien. Neben typischen Bildformaten besteht auch die Möglichkeit, etwa PDF-Dateien mit Affinity Photo zu bearbeiten. Abhängig vom gewählten Dateiformat wird das Bild nach der Auswahl in der **Photo Persona** geöffnet oder, im Fall von RAW-Dateien, in der ① **Develop Persona**. Mit ② **Entwickeln** wechseln Sie von der **Develop** zur **Photo Persona**.

Bilder zuschneiden

Das ① **Zuschneiden-Werkzeug** finden Sie in der **Photo** und der **Develop Persona**. Nach Auswahl des Werkzeugs wählen Sie ② **Uneingeschränkt** als **Modus**, wenn Sie das Bild in beliebiger Weise zuschneiden wollen. Sonst wählen Sie eine ③ **Vorgabe**. Bei Bedarf geben Sie ④ **Breite** und **Höhe** an und wählen eine geeignete **Maßeinheit**. Als ⑤ **Overlay** bieten sich oft Drittelraster an. Haben Sie die Details festgelegt, ziehen Sie den ⑥ **Auswahlrahmen** um den gewünschten Bildausschnitt auf und drücken ⏎. Verwenden Sie die ⑦ **Anfasser**, um den Ausschnitt zu skalieren. Drehen Sie die Auswahl über die ⑧ **Eckanfasser**. Klicken Sie in den ⑨ **Ausschnitt**, um ihn zu ziehen.

Bilder begradigen

Bei einem schiefen Horizont oder wenn eine Häuserkante vertikal ausgerichtet werden soll, ist das **Begradigen-Werkzeug** die richtige Wahl. Wählen Sie das **Zuschneiden-Werkzeug** und klicken Sie in der Kontextleiste auf ① **Begradigen**. In der Vorschau klicken Sie dann an den ② **Anfang der Linie**, die Sie bei Abschluss der Aktion horizontal oder vertikal ausgerichtet sehen möchten. Ziehen Sie die Maus bis an das ③ **Ende der Linie**. Schließen Sie die Aktion mit ⏎ ab. Falls notwendig, wählen Sie ④ **Zuschneiden** erneut aus, um weiße Ränder zu entfernen. Als **Modus** empfiehlt sich dabei oft *Originalverhältnis*. Sehen Sie die Kontextleiste nicht, können Sie sie über **Ansicht** einblenden.

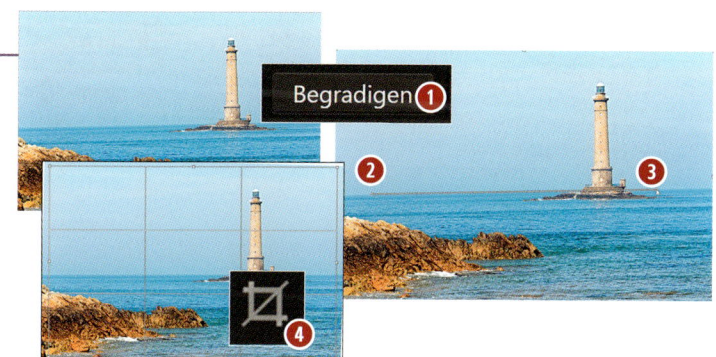

Klonen und reparieren

① **Klonen** und ② **Reparieren** – beide Werkzeuge finden Sie in der Werkzeugleiste der **Photo Persona** – werden genutzt, um Fehler im Bild zu retuschieren. Wählen Sie eines der Werkzeuge aus und erzeugen Sie in der Ebenen-Palette eine ③ **leere Pixelebene**. In der Kontextleiste wählen Sie ④ **Aktuelle Ebene & Darunter**, um nicht destruktiv zu arbeiten. Stellen Sie für das Werkzeug noch ⑤ **Breite** und **Deckkraft** ein. Bei gedrückter ⎇-Taste klicken Sie auf die Vorschau, um die ⑥ **Pixelquelle** festzulegen. Übertragen Sie die Pixel durch Malen auf den ⑦ **Zielbereich**. Beim Reparieren werden Textur, Tonwerte und Transparenz an den Zielbereich angepasst.

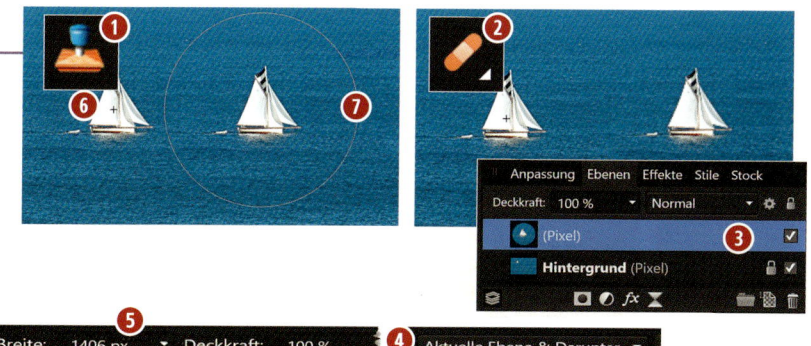

Flecken entfernen

Auch zum ① **Flecken entfernen** sollten Sie nach Auswahl des Werkzeugs eine leere Pixelebene erzeugen, um einen nicht destruktiven Workflow sicherzustellen. Wählen Sie das Werkzeug aus und umfahren Sie mit der Maus den ② **Bereich**, der durch die Pixel eines anderen Bereiches ersetzt werden soll (Sie können auch erst eine Auswahl mit einem beliebigen Auswahlwerkzeug erstellen und dann **Flecken entfernen** mit dieser Auswahl verwenden). Bewegen Sie nun die Maus an die Stelle, deren ③ **Pixel** übernommen werden sollen. Stellen Sie in der Kontextleiste einen Wert für ④ **Skalieren** ein, wenn der eingefügte Bereich vergrößert oder verkleinert werden soll.

Schönheitsfehler entfernen

① **Schönheitsfehler entfernen** – dieses Werkzeug finden Sie in den Werkzeugpaletten der **Photo** und der **Develop Persona** – ist ein Pinselwerkzeug, das gut geeignet ist, Fehler wie Sensorflecken zu beseitigen. Für einen nicht destruktiven Workflow können Sie die zu retuschierende Ebene mit [Strg] [J] duplizieren. Dann wählen Sie das Werkzeug aus. Für ein genaues Arbeiten zoomen Sie die Auswahl mit [Strg] [ː], drücken die Leertaste und verschieben bei gedrückter Leertaste mit dem so temporär gewählten **Handwerkzeug** den Bildausschnitt. Anschließend klicken Sie auf die zu retuschierende Stelle oder übermalen sie. Mit [Strg] [-] verkleinern Sie den Bildausschnitt wieder.

Fotos restaurieren

① **Restaurieren** – nur in der **Photo Persona** verfügbar – entfernt unerwünschte Objekte aus dem Foto und ersetzt sie durch Elemente aus dem Umfeld. Dabei wird der restaurierte Bereich in Farbe, Helligkeit und Textur dem Umfeld angeglichen. Für einen nicht destruktiven Workflow arbeiten Sie mit einer zusätzlichen leeren Pixelebene. Wie bei anderen Retuschewerkzeugen, ist für eine gefällige Retusche auf die ② **Werkzeugeinstellungen** zu achten. Neben **Deckkraft** und **Breite** des Pinsels sollten Sie vor allem der **Härte** Aufmerksamkeit schenken und eventuell durch Klick auf ③ **Mehr** die **Pinseleigenschaften** fein abstimmen, bevor Sie den ④ **Retuschebereich** übermalen.

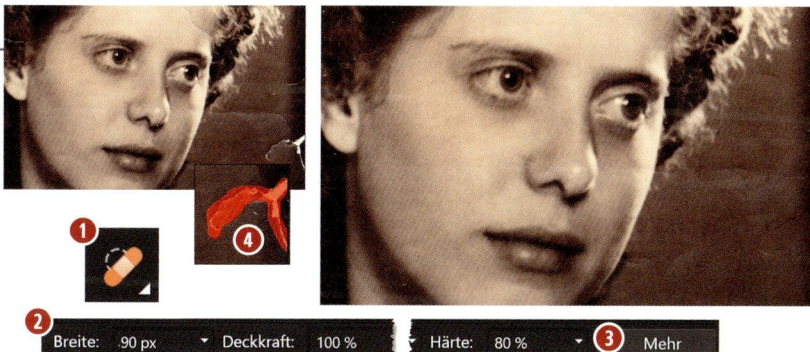

Rote Augen korrigieren

Beim Fotografieren mit dem internen Blitz oder mit dem auf der Kamera montierten Systemblitz lassen sie sich kaum vermeiden: rote Augen. Bei der RAW-Entwicklung, aber auch in der **Photo Persona** kann dieser Makel bei Porträts jedoch unproblematisch beseitigt werden. Wählen Sie das ① **Rote Augen Korrigieren-Werkzeug** aus. Falls es einmal nicht direkt zu wählen ist, können Sie solange ⓙ drücken, bis es angezeigt wird (Das funktioniert übrigens auch bei den anderen, hier schon vorgestellten Retuschewerkzeugen dieser Werkzeuggruppe). Danach zoomen Sie im Bedarfsfall noch die Vorschau, bevor Sie abschließend ein ② **Rechteck** um die Augen aufziehen.

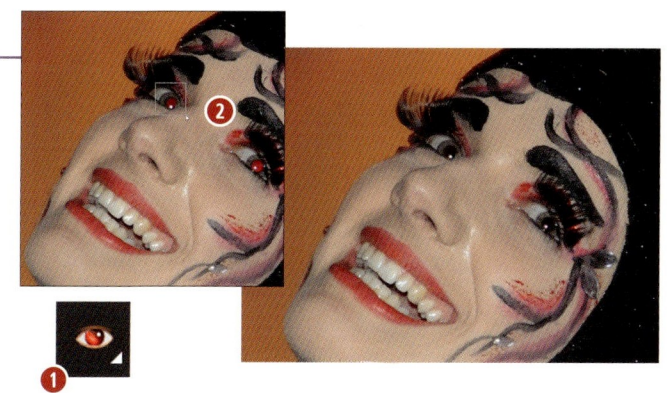

Automatische Korrekturen

Ggf. müssen Sie bei JPEG-Fotos nach vorbereitenden Arbeitsschritten zunächst automatische Korrekturen vornehmen. Bei RAW-Fotos nutzen Sie die differenzierten Möglichkeiten der **Develop Persona**. Die Funktionen finden Sie in der über **Ansicht** einblendbaren Symbolleiste. Für einen nicht destruktiven Workflow empfiehlt es sich, die Bildebene mit [Strg] [J] zu duplizieren. Dann klicken Sie ① **Auto-Weißabgleich**, **Auto-Tonwertkorrektur**, **Auto-Kontrast** und wenn gewünscht **Auto-Farbkorrektur**. Gefällt Ihnen das Ergebnis nicht, gehen Sie einen ② **Schritt im Protokoll zurück** oder **löschen** Sie die Ebene per Klick auf das ③ **Papierkorb-Symbol**.

Unscharf maskieren

Der Filter **Unscharf maskieren** erhöht den Kontrast an Kanten und verbessert den Schärfeeindruck. Zoomen Sie zur Kontrolle mit [Strg] [ː] auf eine 100-Prozent-Darstellung. Wählen Sie **Ebene → Neue Live-Filterebene → Unscharf maskieren**. Mit ① **Radius** stellen Sie die Stärke der Filterwirkung ein, mit ② **Faktor** die Ausdehnung der hinzugefügten Kontrastkante. Mit ③ **Schwellenwert** bestimmen Sie, wie groß der Helligkeitsunterschied sein muss, damit der Filter wirkt. Erhöhen Sie den **Radius** maximal und stellen Sie den Faktor-Wert so ein, dass keine ④ **Halos** (weiße Kanten) erkennbar sind. Ändern die Sie die Werte für **Radius** oder **Schwellenwert** für die gewünschte Schärfung.

Bilder drucken

Zum Drucken wählen Sie **Datei → Drucken** und bestimmen den ① **Drucker**, den Sie verwenden möchten. Anschließend stellen Sie ein, ob das Bild ② **hoch-** oder **querformatig** gedruckt werden soll. Legen Sie noch fest, ob mehr als eine ③ **Kopie** gedruckt werden soll. Falls Sie das Foto nicht vorhergehend über **Dokument → Dokumentgröße ändern** auf Druckgröße skaliert haben sollten, was zu empfehlen ist, wählen Sie ④ **Skalierung → An druckbaren Bereich anpassen**. Über ⑤ **Eigenschaften** legen Sie im Druckertreiber die Ausgabeparameter fest. Letztlich können Sie über ⑥ **Profil** noch ein ICC-Profil für das Fotopapier wählen, wodurch die Druckqualität verbessert wird.

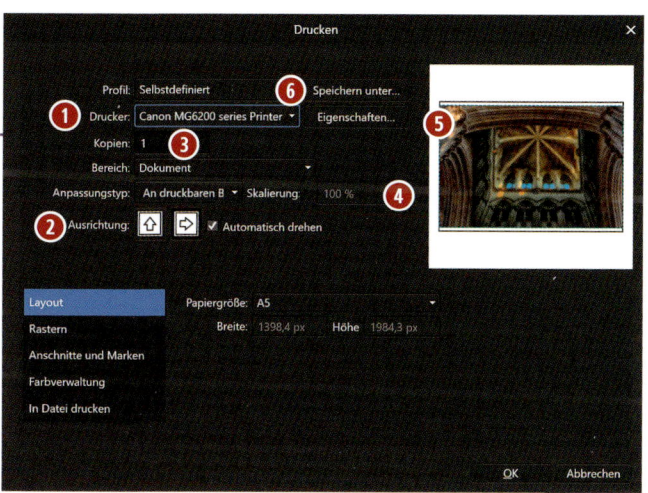

Speichern und exportieren

Verwenden Sie nur Affinity Photo, empfiehlt es sich, über **Datei → Speichern unter** die Datei im Format AFPHOTO abzulegen. So ist gewährleistet, dass alle Ebenen und Filter bei erneutem Öffnen wieder zu bearbeiten sind. Möchten Sie die Datei mit anderen Bildbearbeitungsprogrammen bearbeiten, wählen Sie über **Datei → Exportieren** ein geeignetes ① **Austauschformat**, etwa PSD oder TIFF. Diese Dateitypen können von den meisten Bildbearbeitungsprogrammen verwendet werden. Es werden – soweit technisch möglich – alle Einstellungen von Affinity Photo übernommen. Wählen Sie JPEG, wenn Sie Dateien ohne Ebenen per Mail weitergeben.

RAW-Entwicklung im Detail

Anders als Fotos, die JPEG-Format gespeichert sind, werden RAW-Fotos von Affinity Photo immer in der Develop Persona geöffnet. Hier erfolgt eine erste Entwicklung, die später in der Photo Persona weitergeführt wird. Welche Optionen Sie haben, lesen Sie in diesem Kapitel.

Anfänglich stellt sich schon die Frage, warum RAW-Fotos anders entwickelt werden als JPEG-Bilder. Der Grund ist, dass JPEG-Fotos in der Kamera fix und fertig entwickelt werden. Das Aussehen des Bildes wird durch die Entwicklungsvorgaben bestimmt, die Sie an der Kamera gewählt haben. Bei RAW-Fotos hingegen speichern Sie bei der Aufnahme die unentwickelten Daten, die der Kamerasensor aufgezeichnet hat. Was Sie auf dem Display der Kamera sehen, ist eine JPEG-Vorschau. In der **Develop Persona** müssen Sie diese Roh-Daten durch Ihre Anpassungen entwickeln. Der zusätzliche Arbeitsschritt ist von Nutzen, weil Sie größere gestalterische Freiheiten haben.

Er lohnt sich aber auch, weil das RAW-Format dem JPEG qualitativ überlegen ist. So unterscheidet das RAW-Format bis zu 4096 Tonwerte, wogegen das JPEG-Format nur 256 Tonwerte je Farbkanal differenziert. Bei einem gut belichteten JPEG-Foto werden Sie den Unterschied nicht zwangsläufig bemerken. Wollen Sie jedoch stärker korrigierend eingreifen, hat das RAW-Format mehr Potenzial und bietet sogar die Möglichkeit, kleinere Über- und Unterbelichtungen auszugleichen.

Damit Sie in der **Develop Persona** sehen, ob Ihre Anpassungen technisch korrekt sind, sollten Sie während der Anpassung die Veränderungen kontrollieren.

Unverzichtbar ist dabei der Blick auf das Histogramm, das die Tonwertverteilung im Foto, aber auch Unter- und Überbelichtung anzeigt. Diese können Sie sich auch in der Vorschau anzeigen lassen. Hilfreich ist es zudem, über die Vorher- und Nachher-Ansicht die Anpassungsqualität zu beobachten.

Unbemerkt hilft Ihnen Affinity Photo, Ihre Fotos zu optimieren. Sind die Assistenten aktiviert, werden zum Beispiel automatisch Objektivkorrekturen durchgeführt oder das Bildrauschen wird minimiert. Klicken Sie in der Symbolleiste auf **Assistenten-Einstellungen**, um einen Überblick über die Hintergrundaktivitäten des Programms zu bekommen.

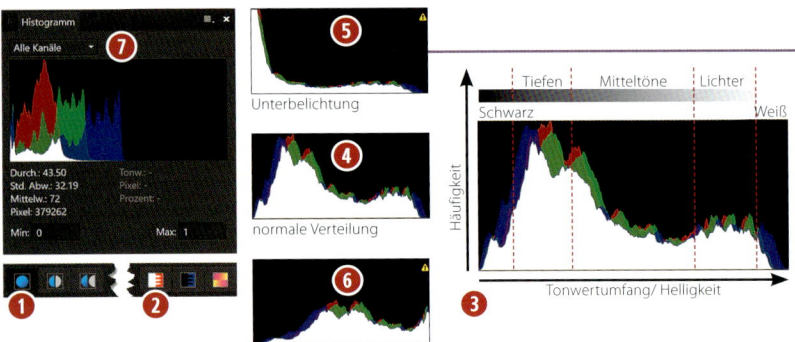

Unterbelichtung

normale Verteilung

Überbelichtung

Tonwerte analysieren

Aktivieren Sie in der Symbolleiste der **Develop Persona** ① **Geteilte Ansicht** oder **Spiegelansicht** und lassen Sie sich ② **Abgeschnittene Lichter**, **Schatten** und **Zwischentöne** anzeigen, um die nachfolgenden Anpassungen kontrollieren zu können. Schauen Sie dann auf das ③ **Histogramm**. Bei einem Foto mit durchschnittlicher Tonwertverteilung sollte das ④ **Histogramm** von Schwarz bis Weiß Tonwerte zeigen und ⑤ **keine Tonwertverluste** in den ⑥ **Tiefen und Lichtern** aufweisen, sofern Sie dies nicht aus gestalterischen Gründen wünschen. Bei Bedarf können Sie sich auch die ⑦ **Tonwertverteilung einzelner Kanäle** anzeigen lassen.

Das *richtige* Weiß

Beginnen Sie Ihre Anpassungen, indem Sie auf das Register ① **Einfach** klicken und ② **Weißabgleich** wählen. Mit dem Weißabgleich können Sie zwei Ziele verfolgen: Sie können ③ **(Farb-)Temperatur** und **Tönung** so anpassen, dass die Farben ohne Farbstich sind – gut lässt sich das in grauen Bildteilen beurteilen. Oder Sie nutzen den Weißabgleich, um dem Bild eine warme oder kühle Anmutung zu geben, indem Sie die Farbtemperatur in Richtung gelb oder blau schieben. Mit aktiviertem ④ **Weißabgleich-Werkzeug** klicken auf die Vorschau, um den Weißabgleich zu setzen. Wählen Sie dazu eine weiße Stelle im Bild, die noch Zeichnung hat oder eine (hell-)graue Fläche.

Belichtung einstellen

Zur Belichtungsanpassung verwenden Sie die Regler ① **Belichtung**, **Schwarzpunkt** und **Helligkeit**. Sinnvoll ist es, vor dem Einstellen der Gesamthelligkeit den dunkelsten und hellsten Punkt im Bild festzulegen, also Schwarz- und Weißpunkt zu setzen. Ziehen Sie dazu den **Schwarzpunkt**- und den **Helligkeit-Regler** so weit, dass das Histogramm bis jeweils knapp an die Ränder des Histogramms reicht. Um eine Über- oder Unterbelichtung zu vermeiden, aktivieren Sie in der Symbolleiste die Warnfunktionen. In der Vorschau werden ② **unterbelichtete Bereiche blau** und ③ **überbelichtete Bereiche rot** markiert. Passen Sie jetzt die Gesamthelligkeit mit **Belichtung** an.

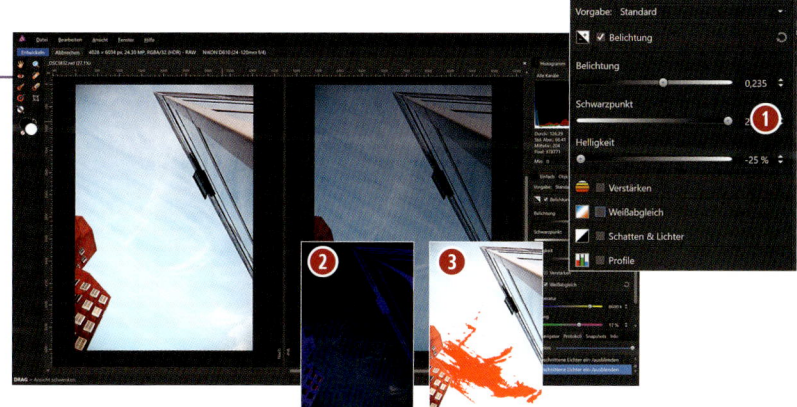

Schatten und Lichter

Mit den nächsten Einstellungen passen Sie die dunkleren und die helleren Tonwerte im Foto an und entscheiden, wie viele Details in diesen Bereichen zu erkennen sein sollen. Ziehen Sie dazu die Regler der Gruppe ① **Schatten & Lichter**. Die Übergänge zwischen hellen und dunklen Tonwerten gestalten Sie weitergehend über die Regler **Kontrast** und **Klarheit** im Register ② **Verstärken**. Mit **Kontrast** hellen Sie hellere Bildbereiche im Bild auf, während Sie gleichzeitig dunklere abdunkeln. Die Brillanz des Fotos steigt. Mit **Klarheit** verstärken Sie den Kontrast vor allem an feinen Details. Achten Sie bei beiden Einstellungen darauf, ob wichtige Details verloren gehen.

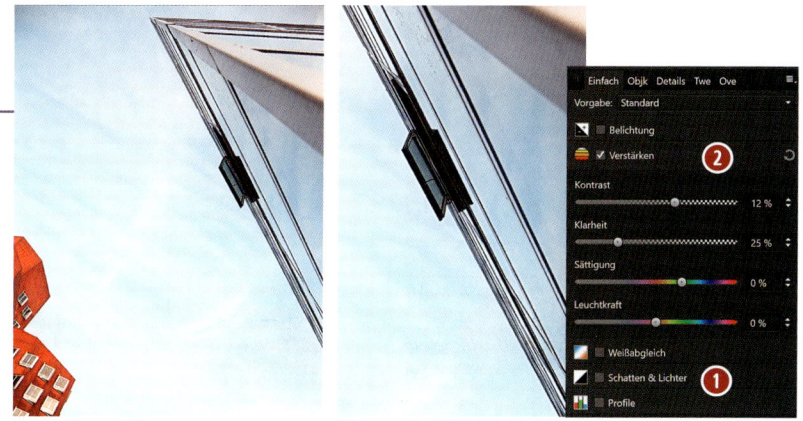

Farben verstärken

Im Register ① **Verstärken** finden Sie die Regler ② **Sättigung** und ③ **Leuchtkraft**. Mit beiden Reglern erhöhen Sie die Sättigung im Bild oder verringern sie. Im Unterschied zu **Leuchtkraft** verstärkt **Sättigung** die Bildfarben gleichmäßig. Bis zum Maximum nach links gezogen, können Sie so Farbe vollständig aus dem Bild entfernen. Verwenden Sie den **Leuchtkraft-Regler**, wird die Anpassung stets die Grundsättigung berücksichtigen: Stärker gesättigte Farben werden weniger stark angepasst als Farben, die nur eine geringe Sättigung aufweisen. Ein Schwarz-Weiß-Bild ist mit diesem Regler nicht möglich. Insgesamt sind die Anpassungen subtiler.

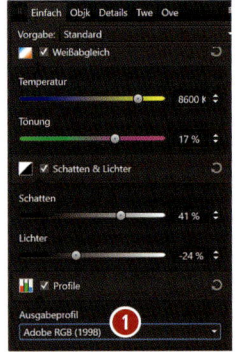

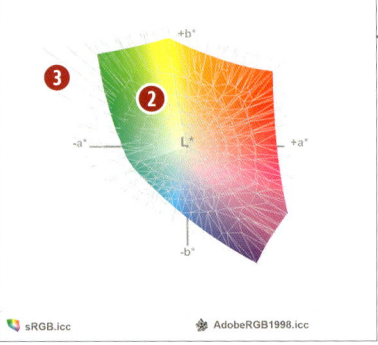

Farben: Profile

Bei vielen Fotos werden die bis hierher gemachten Anpassungen ausreichen, sodass Sie die Bearbeitung mit Klick auf **Entwickeln** abschließen und zur **Photo Persona** wechseln können. Sollten Objektivkorrekturen notwendig sein oder soll Rauschen aus dem Bild entfernt werden, erledigen Sie diese Arbeiten vor dem Wechsel. Wichtig ist jedoch, was Sie unter ① **Profile** wählen, weil Sie an diesem Punkt den Farbraum und damit die Anzahl der möglichen Farben festlegen. Wählen Sie ② **sRGB**, wenn eine Webpräsentation geplant ist oder das Bild beim Dienstleister gedruckt werden soll. ③ **Adobe RGB (1998)** wählen Sie, wenn Sie das Foto auf einem Fineart-Drucker ausgeben wollen.

Perspektivfehler korrigieren

Perspektivfehler wie stürzende Linien, ein schiefer Horizont oder schräge Häuserkanten sind keine Seltenheit und können auch nicht immer vermieden werden. Über ① **Objektivkorrektur** im Register ② **Objektiv** drehen Sie das Foto um seine vertikale und horizontale Achse oder mit **Rotation** um den Bildmittelpunkt. Entstehende weiße Ränder beseitigen Sie mit ③ **Skalierung** oder Sie nutzen das **Zuschneiden-Werkzeug**. Zeigt das Objektiv eine tonnen- oder kissenförmige Verzeichnung, so können Sie diesem Objektivfehler mit ④ **Verzerrung** entgegenwirken. Haben Sie eine gute Korrektur gefunden, speichern Sie diese über das ⑤ **Palettenmenü** als neue Vorgabe.

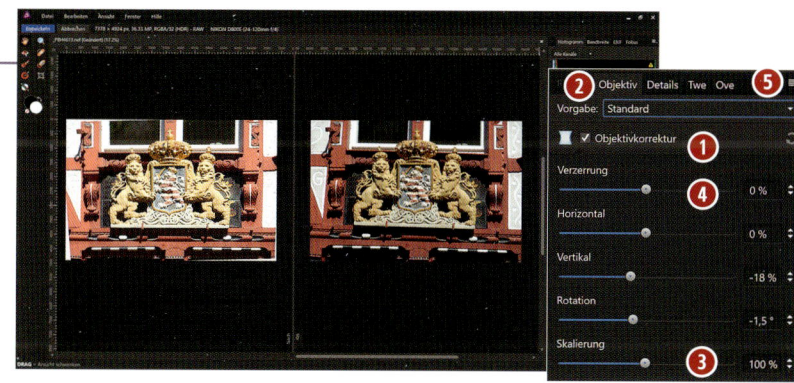

Farbsäume entfernen

Bei Weitwinkelaufnahmen oder Fotos mit hohem Kontrast sehen Sie an Hell-Dunkel-Kanten farbige Kanten, die Sie mit ① **Chromatische Aberration reduzieren** automatisch oder mit ② **Farbsäume entfernen** manuell beseitigen. Bei der manuellen Korrektur wählen Sie zunächst den ③ **Farbton** des Farbsaums aus. Die Ausdehnung des Korrekturbereichs bestimmen Sie mit ④ **Radius**, während Sie mit ⑤ **Toleranz** festlegen, wie exakt Sie den Farbton ausgewählt haben müssen. Mit ⑥ **Schwellenwert** grenzen Sie ein, wie groß der Kontrast zum Motiv sein muss, damit die Einstellung wirkt. Nutzen Sie bei Bedarf ⑦ **Komplementären Farbton ebenfalls entfernen**.

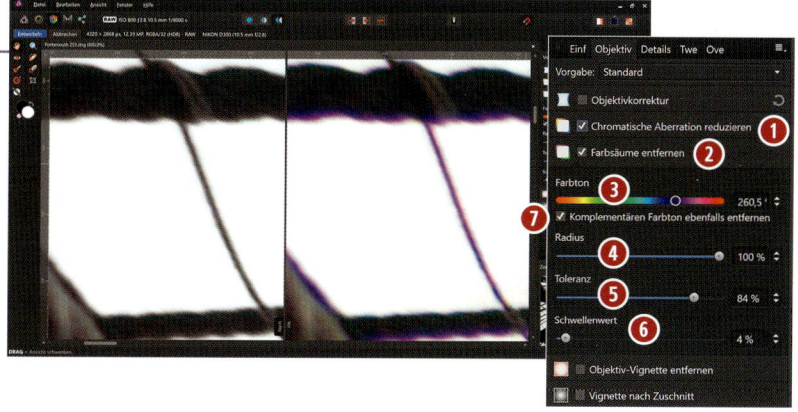

Vignette: Fehler oder Gestaltungsoption

Vignetten sind Randabschattungen und werden in den meisten Fällen bei aktiviertem Entwicklungsassistenten automatisch auf der Basis der Exif-Informationen durch Affinity Photo entfernt. Sonst aktivieren Sie ① **Objektiv-Vignette entfernen**. Möchten Sie per Vignette den Blick in das Bildzentrum lenken, aktivieren Sie ② **Vignette nach Zuschnitt**. Im Dialogfeld stellen Sie mit ③ **Intensität** ein, ob eine Abdunklung (Minus-Werte) oder eine Aufhellung (Plus-Werte) erfolgen soll. Mit ④ **Skalierung** bestimmen Sie die Ausdehnung der Vignette. Mit ⑤ **Härte** regeln Sie, ob ein ⑥ **abrupter** oder ein ⑦ **weicher Über-gang** zwischen Bild und Vignette erfolgt.

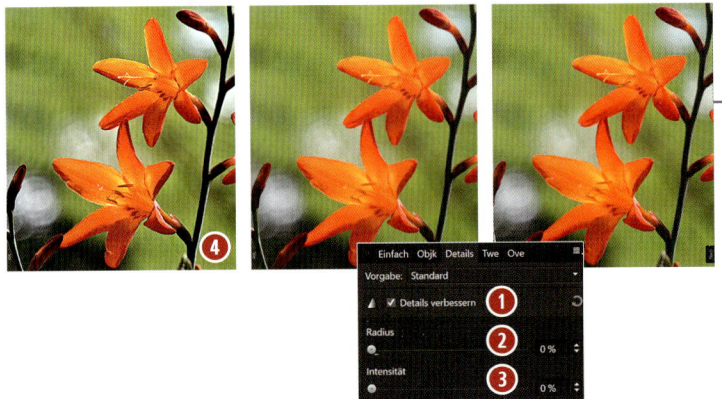

Details verbessern

Durch die Bildbearbeitung kann gegebenenfalls die Bildschärfe et-was leiden. Über ① **Details verbessern** im Reiter **Details** wirken Sie dem entgegen. Ähnlich dem **Unscharf maskieren-Filter** wird mit ② **Radius** festgelegt, wie weit sich die Schärfung in die Bereiche um die Kante herum ausdehnt, die geschärft wird. Mit ③ **Intensität** steuern Sie die Stärke der Kontrastanhebung. Zur Kontrolle zoomen Sie den Bildausschnitt mit Strg +. Wählen Sie temporär einen hohen **Radius** und passen Sie die **Intensität** an, bis Details scharf wirken, aber noch keine ④ **Lichtsäume** zu sehen sind. Reduzieren Sie den Radius nach Augenmaß.

In Schwarzweiß umwandeln

Kontrastreiche, grafische Motive eignen sich gut für Schwarz-Weiß-Bilder. Wechseln Sie in das Register **Tonwerte** und aktivieren Sie ① **Schwarzweiß**. Vorteilhaft ist, im Vergleich zur Reduktion der Sättigung, dass Sie hier den ② **Grauwert jeder Farbe separat bestimmen** können. Möchten Sie das Bild tonen, aktivieren Sie zusätzlich ③ **Split Toning**. Hier legen Sie getrennt nach Lichtern und Schatten den ④ **Farbton** fest, bevor Sie die Intensität der Tönung über den jeweiligen ⑤ **Sättigungs-Regler** bestimmen. Mit ⑥ **Balance** stimmen Sie das Verhältnis zwischen Lichter- und Schattentonung ab. Hilfreich ist dabei, die Sättigung temporär auf 100 Prozent zu stellen.

Selektive Bearbeitung

Für die Anpassung ausgewählter Bereiche verwenden Sie die Werkzeuge ① **Overlay malen**, ② **Overlay Verlauf** und ③ **Overlay radieren**. Haben Sie das Overlay erzeugt, wechseln Sie in das Register **Einfach** und wenden die dort verfügbaren Anpassungen auf den markierten Bereich an. Für einen **Overlay Verlauf** wählen Sie den **Typ** in der Kontextleiste und **ziehen** die Auswahl über das Bild ④. Malen Sie ein Overlay auf das Bild, bestimmen Sie **Größe** und **Härte** des Pinselauftrags. Bei klar erkennbaren Kontrastkanten aktivieren Sie **Kontrastgrenzen erkennen**, um eine präzise Auswahl zu erzeugen. Im Register ⑤ **Overlays** wählen Sie Overlays zur Bearbeitung aus oder löschen sie.

Ebenenbasierte Anpassungen

Fotos korrigieren und gestalten Sie in der Photo Persona mithilfe von Anpassungsebenen. Auf den im Ebenenstapel gesammelten, immer wieder nachjustierbaren Einstellungen basieren der nicht destruktive Workflow und die Möglichkeit, Anpassungen zu kombinieren.

Bei RAW-Fotos beginnt die Bearbeitung automatisch in der **Develop Persona**. Wenn Sie hingegen ein anderes Dateiformat verwenden, zum Beispiel JPEG oder TIFF, so führen Sie die ersten Anpassungen in der **Photo Persona** durch und setzen dazu Anpassungsebenen ein, die im Ebenenstapel organisiert werden.

Der Workflow unterscheidet sich dabei nicht grundlegend von der RAW-Entwicklung: Zunächst werden Sie mit einem Weißabgleich Farbstiche beseitigen oder das Bild so tönen, wie es Ihren Vorstellungen entspricht. Nach dem Setzen von Schwarz- und Weißpunkt und der Anpassung von Helligkeit und Kontrast werden Sie die Bildfarben anpassen.

Im Unterschied zur **Develop Persona** stehen Ihnen jedoch an manchen Stellen mehr Werkzeuge zur Verfügung. So finden Sie zum Beispiel Anpassungen zum **Umfärben** oder **Invertieren** des Bildes. Sie können Farbtabellen per **LUT-Anpassung** auf das Foto anwenden, um kinoähnliche Looks zu verwenden, oder Sie nutzen **Kanalmixer**, **Schwellenwert** und **Verlaufsumsetzung** für kreative Effekte.

Wichtiger ist allerdings, dass Sie jede Einstellung nach einem Doppelklick auf das Ebenenthumbnail neu der fortschreitenden Bearbeitung anpassen können oder dass Sie Bearbeitungsschritte auch ganz löschen oder ausblenden können.

Anpassungsebenen können einzelnen Pixelebenen zugewiesen werden oder auch für alle Pixelebenen gelten, die unterhalb der Anpassungsebene angeordnet sind. Selbstverständlich lässt sich die Reihenfolge per Drag & Drop ändern. Ebenen können zudem zur besseren Übersicht gruppiert und nach einem Doppelklick auf den vorgegebenen Namen umbenannt werden.

Interessant ist außerdem, dass sich die Wirkung einer Anpassungsebene auf vielen Wegen begrenzen lässt: Sie können den **Mischmodus** ändern, den **Mischbereich** einstellen, eine andere **Deckkraft** wählen oder die Wirkung durch eine **Maskierung** begrenzen.

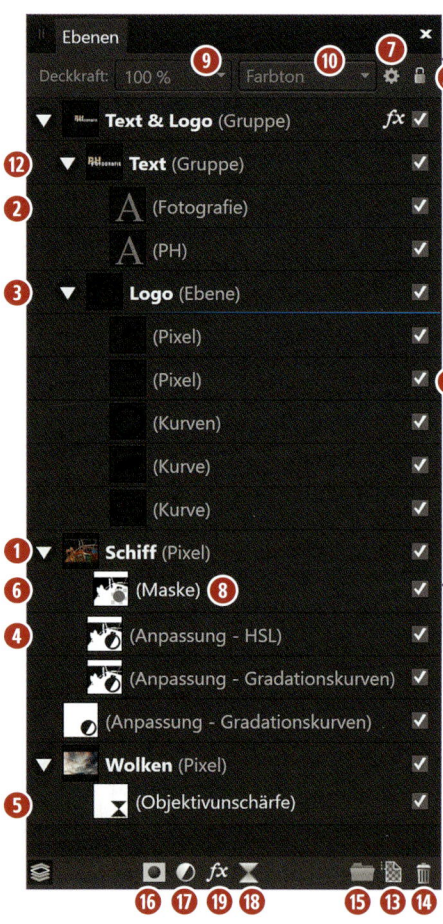

Der Ebenenstapel

Im Ebenenstapel finden Sie ① **Bildebenen**, ② **Text-** und ③ **Vektorebenen**, ④ **Anpassungsebenen**, ⑤ **Filter-** und ⑥ **Maskenebenen**. Die Sicht- und Wahrnehmbarkeit einer Ebene kann durch ⑦ **Mischoptionen**, ⑧ **Masken**, durch eine ⑨ **Veränderung der Deckkraft** oder durch eine Änderung des ⑩ **Mischmodus** verändert werden. Die Ebene kann vollständig ⑪ **ausgeblendet** werden. Die im Ebenenstapel oben liegende Pixelebene verdeckt dort, wo keine Transparenz gegeben ist, die darunter liegende Ebene. Anpassungs- und Filterebenen wirken auf die Ebene, der sie zugeordnet sind. Ebenen können zur besseren Übersichtlichkeit in ⑫ **Gruppen** zusammengefasst werden.

Den Ebenenstapel nutzen

Über die Ebenensymbolleiste erzeugen Sie eine ⑬ **leere Pixelebene**, ⑭ **löschen** eine ausgewählte Ebene oder ⑮ **gruppieren** ausgewählte Ebenen. Über Schalter erzeugen Sie eine ⑯ **Maskenebene**, eine ⑰ **Anpassungs-** oder ⑱ **Live-Filter-Ebene** und fügen einen ⑲ **Ebeneneffekt** hinzu. Um Ebenen neu zu platzieren, wählen Sie die Ebene im Ebenenstapel aus und ziehen Sie per Drag & Drop an die neue Position – ein farbiger Balken kennzeichnet die Einfügeposition. So ist es möglich, Ebenen nachträglich einer Ebenengruppe zuzuordnen oder die Ebene aus einer Gruppe neu zu platzieren. ⑳ **Schützen** verhindert eine unbeabsichtigte Veränderung der Ebene.

Anpassungsebenen verwenden

Anpassungsebenen fügen Sie auf verschiedene Wege in den Ebenenstapel ein: Über **Ebene → Neue Anpassungsebene**, über einen Klick auf ① **Anpassungen** in der Ebenenpalette oder über das Register ② **Anpassung**. Vorteilhaft an diesem Weg ist, dass ③ **Vorschauminiaturen** zeigen, wie das Bild nach Anwendung der Vorgabe aussehen wird. Wählen Sie eine dieser Vorgaben aus. Über das damit eingeblendete Dialogfeld nehmen Sie bei Bedarf eine Feineinstellung vor. Mit Schließen des Dialogfelds wird eine neue ④ **Anpassungsebene** erzeugt. Klicken Sie doppelt auf das ⑤ **Ebenenthumbnail**, um den Einstellungsdialog neu zu öffnen und um Anpassungen nachzubearbeiten.

Weißabgleich und Tonwertkorrektur

Wie beim RAW-Foto beginnt die Bildbearbeitung für JPEGs in der **Photo Persona** oft mit der Einstellung des ⑥ **Weißabgleichs**. Ziehen Sie die Regler für **Weißabgleich** und **Tönung** so, dass Ihnen die Farbstimmung im Bild gefällt oder ein Farbstich beseitigt ist. Nutzen Sie die ⑦ **Pipette**, um per Klick auf eine weiße oder graue Stelle in der Vorschau den Weißabgleich zu setzen. Zur ⑧ **Tonwertkorrektur**, dem Arbeitsschritt nach dem Weißabgleich, bewegen Sie die Regler ⑨ **Schwarz-** und ⑩ **Weißstufe**, bis die im Histogramm sichtbare weiße Linie den Rand des Histogramms berührt. Über ⑪ **Gamma** stellen Sie die Gesamthelligkeit des Bildes ein.

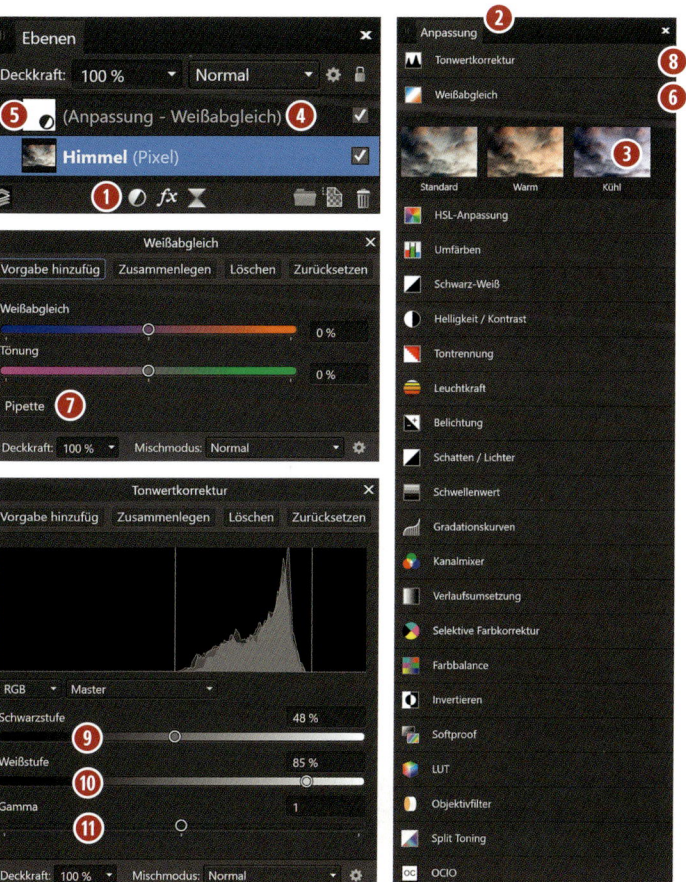

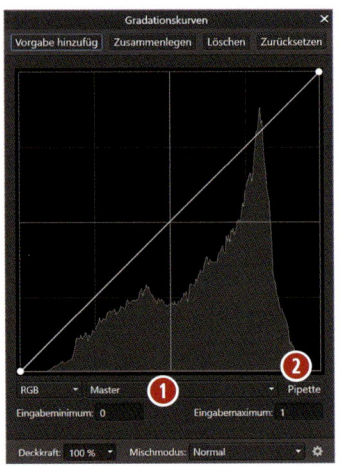

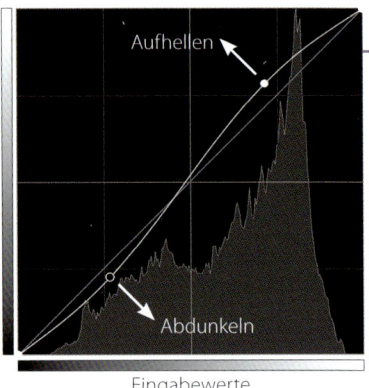

Powertool Gradationskurve

Die **Gradationskurve** zeigt grafisch das Verhältnis von eingegebenen zu ausgegebenen Tonwerten an. Die Eingabewerte werden auf der horizontalen Achse angezeigt, die Ausgabewerte auf der vertikalen. Klicken Sie auf den Graphen und ziehen Sie ihn nach oben oder unten, um das Verhältnis zu ändern. Sie können mehrere Kontrollpunkte setzen und überflüssige mit der rechten Maustaste entfernen. Über das Menü passen Sie wahlweise alle ① **Farbkanäle** oder einen ausgewählten Farbkanal an. Aktivieren Sie die ② **Pipette** und klicken Sie auf eine Stelle im Bild, die Sie ändern möchten. Ziehen Sie die Maus nach oben, um aufzuhellen, nach unten, um abzudunkeln.

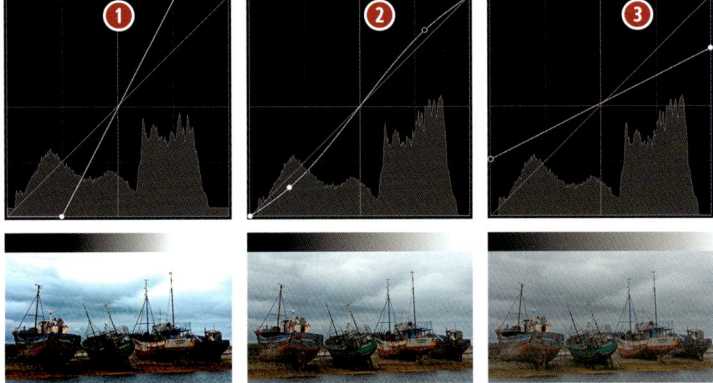

Typische Gradationskurven

Mit **Gradationskurven** setzen Sie **Schwarz**- und **Weißpunkt** im Foto, indem Sie die Eckpunkte des Graphen bis an den Beginn des Histogramms führen. Dadurch steigt die Steilheit der Kurve, mit anderen Worten: Das Foto wird kontrastreicher. ① Ziehen Sie Schwarz- und Weißpunkt über den Beginn des Histogramms, verlieren Sie Tonwerte. Zur ② **Kontraststeigerung** wird daher meist eine Gradationskurve verwendet, bei der die dunklen Tonwerte abgesenkt, helle Tonwerte leicht aufgehellt werden, ohne dass Tonwerte beschnitten werden. Ziehen Sie Schwarz- oder Weißpunkt nach oben oder unten, um den ③ **Kontrast abzusenken**.

Farbanpassungen per Gradationskurve

Wählen Sie statt des Masterkanals den ① **Rot-, Grün-,** oder **Blaukanal** aus, wird Ihnen das Histogramm des gewählten Kanals angezeigt und Sie können den Schwarz- und Weißpunkt setzen oder Helligkeit und Kontrast getrennt für jeden Farbkanal einstellen. Gleichzeitig haben Sie so aber auch die Möglichkeit, die Bildfarben anzupassen. Verändern Sie den Kurvenverlauf so, dass die Tonwerte aufgehellt werden, tönen Sie das Bild in der Farbe, die Sie über den Farbkanal gewählt haben. Dunkeln Sie hingegen ab, so verstärken Sie die Komplementärfarbe. Sie können somit Rot- und Cyanwerte im Bild verändern oder auf den Farbachsen Grün-Magenta oder Blau und Gelb arbeiten.

Farbanpassungen per HSL

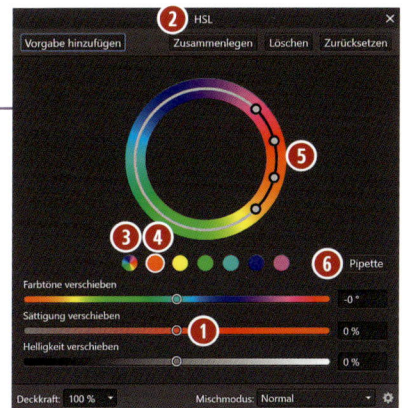

Farbe hat drei veränderbare Merkmale, den ① **Farbton** (engl. **Hue**), die **Sättigung** (engl. **Saturation**) und die **Helligkeit** (engl. **Lightness**). Mit einer ② **HSL-Anpassung**, verändern Sie eine oder alle Eigenschaften für alle Farben im Bild oder nach Auswahl eines Farbtons für den gewählten Farbton. Zur Anpassung wählen Sie den ③ **Masterkanal** oder einen ④ **Farbton**. Schieben Sie die ⑤ **Anfasser** enger zusammen, um den Farbbereich präziser einzugrenzen. Zum Erweitern des Farbtonbereichs ziehen Sie die Anfasser auseinander. Mit der ⑥ **Pipette** klicken Sie nach Auswahl des Farbtons auf die Farbe, die anzupassen ist. Die Anfasser werden passend positioniert.

Farbnuancen fein einstellen

① **Selektive Farbkorrektur** und ② **Farbbalance** sind zwei Anpassungen, die Sie verwenden, um Farbnuancen fein einzustellen. Wählen Sie zur **selektiven Farbkorrektur** den ③ **Farbton**, **Schwarz**-, **Weiß**- oder **Neutraltöne**, bevor Sie die Anteile von ④ **Cyan**, **Magenta**, **Gelb** oder **Schwarz** für den gewählten Farbton verändern. Ziehen Sie mehrere Regler gleichzeitig, wird der Anteil der resultierenden ⑤ **Mischfarbe** verändert. Ähnlich gehen Sie zur Änderung der **Farbbalance** vor. In diesem Dialog wählen Sie jedoch einen ⑥ **Tonwertbereich** aus. Die ⑦ **Farbbalance** ändern Sie für Schatten, Zwischentöne und Lichter auf den Achsen Cyan-Rot, Magenta-Grün und Gelb-Blau.

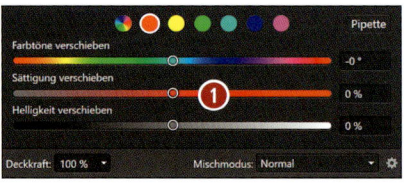

Anpassung: Schwarzweiß

Ein Schwarz-Weiß-Bild erhalten Sie, indem Sie die ① **Sättigung** per HSL-Anpassung für den Masterkanal auf -100 Prozent reduzieren. Dies kann jedoch bei Farben gleicher Helligkeit dazu führen, dass die im Farbbild gut zu unterscheidenden Objekte im Schwarz-Weiß-Bild nicht mehr gut zu differenzieren sind. Anders bei der ② **Schwarz-Weiß-Anpassung**: Hier nutzen Sie die Regler, um die Helligkeit einer Farbe einzustellen. Mit dem ③ **Pipettenwerkzeug** gelingt das intuitiver: Klicken Sie nach Auswahl des Werkzeugs auf eine Stelle in der Vorschau. Ziehen Sie die Maus nach oben, um den Tonwert abzudunkeln und nach unten, um ihn aufzuhellen.

Verschiedene Tonungen

Nach der Umwandlung in Schwarzweiß stehen Ihnen verschiedene Anpassungsoptionen zur Verfügung, um das Schwarz-Weiß-Bild zu tonen. ① **Umfärben** tönt das gesamte Bild in der von Ihnen gewünschten Farbe und Sättigung. Wählen Sie erst den **Farbton** und stellen Sie dann die gewünschte **Sättigung** ein. Bei ② **Split-Toning** verfahren Sie analog. Bei dieser Anpassung können Sie jedoch je einen Farbton für die **Schatten** und **Lichter** wählen. Mit **Balance** legen Sie fest, welcher Tonwertbereich zu den Tiefen oder Lichtern gezählt wird. Klicken Sie ③ **Vorgabe hinzufügen** und speichern Sie häufiger verwendete Einstellungen.

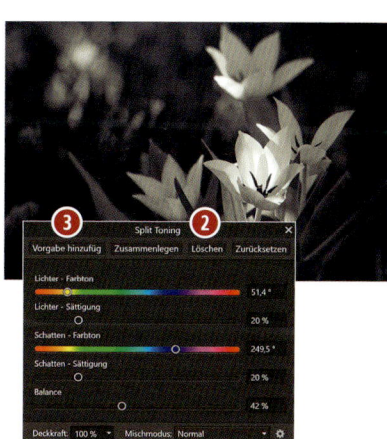

Farbe und Schwarzweiß mischen

Wählen Sie eine ① **Pixel-** oder **Anpassungsebene** aus und klicken Sie ② **Mischbereiche**, um festzulegen, wie sich die Pixel übereinander liegender Ebenen mischen. Der Graph im so geöffneten Dialogfeld bildet von links nach rechts die Tonwerte vom dunkelsten zum hellsten Tonwert ab. Ziehen Sie den Graphen für die ③ **Bereiche der Quellebene** nach unten, reduzieren Sie die Sichtbarkeit der Pixel in der ausgewählten Ebene. Ziehen Sie den Graphen für ④ **Darunter liegende Kompositionsbereiche** nach unten, erhöhen Sie die Sichtbarkeit der darunter liegenden Ebene. Im Fall einer Anpassungsebene steuern Sie so die Wirksamkeit der Anpassung.

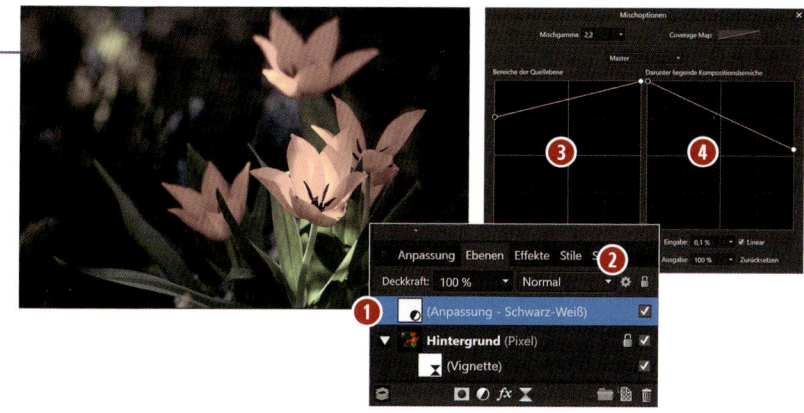

Auswahlen erstellen und nutzen

Auswahlen sind das Herzstück ambitionierter Bildbearbeitung. Erst mit ihnen sind Sie in der Lage, Bildbereiche unterschiedlich zu entwickeln, Ebenen zu überblenden oder gar Motivelemente von einem Bild in das andere zu kopieren. Wie das geht, lesen Sie in diesem Kapitel.

Für Auswahlen stellt Affinity Photo eine umfangreiche Palette von Werkzeugen bereit. Große, geometrische Auswahlen lassen sich schnell mit den Auswahlrahmenwerkzeugen erstellen, während die **Freihandauswahl** hilfreich ist, wenn die Form unbestimmt ist. Die **magnetische Freihandauswahl** ist immer zu empfehlen, wenn der auszuwählende Bildbereich sich deutlich durch Farbe oder Helligkeit vom Hintergrund absetzt. Mit dem **Bereich auswählen-Werkzeug** oder dem **Auswahlpinsel** haben Sie gute Auswahlwerkzeuge zur Verfügung, wenn Bildbereiche ähnlicher Tonalität auszuwählen sind. Alle Werkzeuge können über die Kontextleiste angepasst wer-

den. Für die Anfertigung einer Auswahl sind dabei vor allem die Funktionen **Hinzufügen**, **Subtrahieren** und **Überlappen** bedeutsam, die es ermöglichen, eine Auswahl in mehreren Schritten aufzubauen. Nur in wenigen Fällen wird es Ihnen gelingen, eine Auswahl in einem Schritt zu erzeugen, und es hat sich als sinnvolle Strategie erwiesen, zunächst mit einem Auswahlrahmenwerkzeug oder der Freihandauswahl eine grobe Auswahl anzufertigen. Dann wechseln Sie vielleicht das Werkzeug, zoomen den Bildschirmausschnitt mit (Strg) (+) oder (Strg) (−), verschieben ihn, indem Sie zum Verschieben die Leertaste drücken, und verfeinern so allmählich die Auswahl. Den letz-

ten Schliff bekommt Ihre Auswahl über **Verfeinern**. Diese Programmfunktion ist vor allem dann wertvoll, wenn Haare, Fell oder andere feine Strukturen auszuwählen sind.

Nur ausgewählte Bereiche können kopiert oder bearbeitet, zum Beispiel übermalt werden. In der Praxis werden Sie eine Auswahl jedoch oft in eine Maske umwandeln. Im Zusammenspiel mit einer **Anpassung** oder einer **Live-Filterebene**, verändern Sie so gezielt Bildbereiche. Interessant sind dabei vor allem farb- und tonwertbasierte Auswahlen. Verwenden Sie mehrere Pixelebenen, so helfen Ihnen Auswahlen, die Bildinhalte von Ebenen zu überblenden.

Geometrische Auswahlen

Über die Werkzeugleiste und durch Drücken von Ⓜ wählen Sie ein ① **Auswahlrahmenwerkzeug** und wechseln zwischen Rechteck, Ellipse, Zeilen und Spalten. Für eine rechteckige oder elliptische ② **Auswahl** klicken Sie in den Vorschaubereich und ziehen die Maus diagonal, bis die Auswahl groß genug ist. Halten Sie während des Ziehens ⇧ gedrückt, um eine quadratische oder runde Auswahl zu erstellen. Mit Strg Ⓓ heben Sie Auswahlen auf. Über **Auswählen** → **Auswahl speichern** → **Als Reservekanal** sichern Sie die Auswahl für eine wiederholte Verwendung. Zum ③ **Verschieben** klicken Sie in den Auswahlbereich und ziehen die Auswahl an den Wunschort.

Freihandauswahlen

Wählen Sie in der Werkzeugleiste das ① **Freihandwerkzeug** (Ⓛ) und bestimmen Sie in der Kontextleiste den ② **Typ**. Für eine ③ **Freihandauswahl** klicken Sie in die Vorschau und umfahren den Auswahlbereich. Die Auswahl wird automatisch geschlossen. Bei einer ④ **Polygonauswahl** legen Sie durch Klick den Ausgangspunkt fest und ziehen die Maus in Richtung der gewünschten Auswahl. Für einen Richtungswechsel klicken Sie erneut. Den Startpunkt einer ⑤ **magnetischen Auswahl** bestimmen Sie per Klick. Dann ziehen Sie das Werkzeug an der Kante des Auswahlbereichs entlang. Ein Doppelklick schließt **Polygon**- und **Lassoauswahl**.

Bereich auswählen und Auswahlpinsel

Verwenden Sie ① **Bereich auswählen** (Ⓦ) und den ② **Auswahlpinsel** (Ⓦ), wenn Bereiche gleicher Helligkeit oder Farbe ausgewählt werden sollen. Bei Verwendung von **Bereich auswählen** klicken Sie auf den ③ **Auswahlbereich**. In der Kontextleiste stellen Sie über den ④ **Toleranzwert** ein, wie ähnlich sich Farbe und Helligkeit sein müssen, damit eine Auswahl erfolgt. Über ⑤ **Hinzufügen** oder **Subtrahieren** können Sie durch weiteres Anklicken Bereiche der Auswahl hinzufügen oder von ihr abziehen. Mit dem **Auswahlpinsel** übermalen Sie die Bereiche, die Sie auswählen möchten. Die Qualität der Auswahl wird vor allem durch die ⑥ **Pinselbreite** bestimmt.

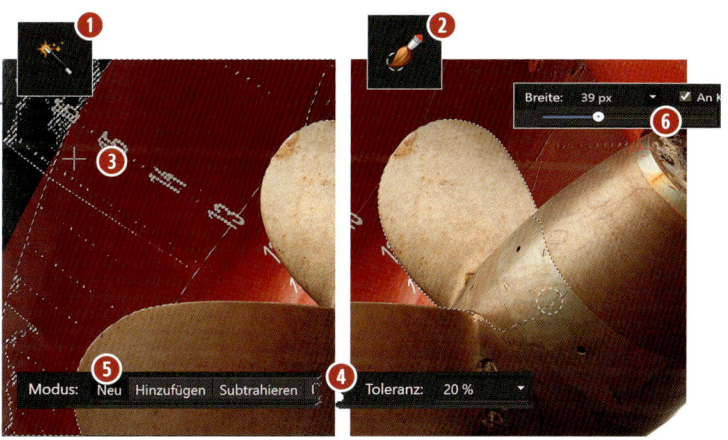

Auswahlwerkzeuge anpassen I

Randschärfe nutzen Sie für geometrische Auswahlwerkzeuge und Freihandwerkzeuge. Erhöhen Sie den ① **Wert**, um eine Auswahl mit einem fließenden Übergang zu erzeugen. Ein Beispiel: Öffnen Sie ein Foto und ziehen Sie eine ② **Rechteckauswahl** um ein Motivelement auf. Erstellen Sie eine neue ③ **Ebene** (Strg ⇧ Ⓝ) und ④ **kehren Sie die Auswahl um** (Strg ⇧ Ⓘ) Aktivieren Sie ⑤ **Bereich füllen** und klicken Sie in den Auswahlbereich. Sie haben jetzt eine ⑥ **harte Maske**. Wiederholen Sie die Arbeitsschritte. Erhöhen Sie jedoch den Wert für Randschärfe, bevor Sie die Auswahl erstellen. Sie haben dann einen ⑦ **weichen Übergang** ähnlich einer Vignette.

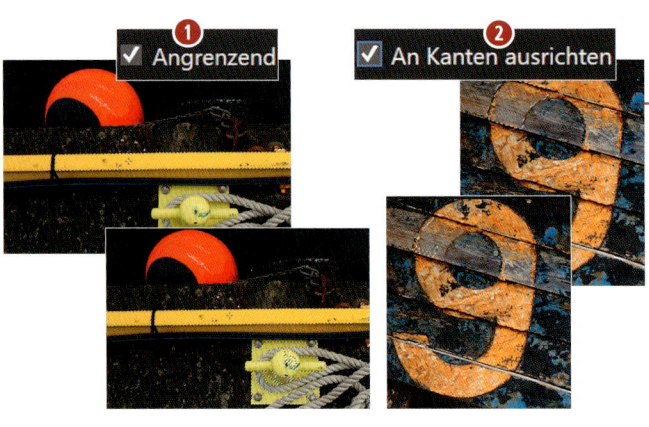

Auswahlwerkzeuge anpassen II

Die Option ① **Angrenzend** steht über die Kontextleiste für das **Bereich auswählen-Werkzeug** zur Verfügung. Ist die Funktion aktiviert, wird nach dem Anklicken des Bereichs eine lokalisierte Auswahl erstellt. In die Auswahl werden nur die Tonwertbereiche integriert, die an den durch Klick ausgewählten Farbton- und Helligkeitsbereich angrenzen. Davon unabhängige Bereiche ähnlicher Farbe und Helligkeit werden nur dann einbezogen, wenn Sie **Angrenzend** deaktivieren. ② **An Kanten ausrichten**, eine Funktion des **Auswahlpinsels**, erweitert den Auswahlbereich selbstständig bis zur nächsten Kante. Größere Flächen werden so schnell ausgewählt.

Auswahlmodi

Auswahlen entstehen häufig in mehreren Schritten und unter Verwendung vieler Werkzeuge. Zunächst werden möglichst große zusammenhängende Bereich ausgewählt, dann, vielleicht unter Verwendung eines besser geeigneten Werkzeugs, weitere kleinere Bereiche. Ist eine Auswahl zu groß geraten, muss etwas von ihr entfernt werden. Das allmähliche Optimieren einer Auswahl gelingt, indem Sie in der Kontextleiste den **Modus** passend wählen. Klicken Sie ① **Hinzufügen**, wenn Sie eine bestehende Auswahl erweitern wollen. Mit ② **Subtrahieren** entfernen Sie Auswahlbereiche. ③ **Überlappen** erzeugt eine Auswahl aus der Schnittmenge alter und neuer Auswahl.

Auswählen à la carte

Mit ① **Vergrößern/Verkleinern**, **Randschärfe**, **Glätten** und **Umrandung** bietet Affinity Photo Funktionen zur Anpassung einer Auswahl. Nach Aufruf der Funktion kann der ② **Grad der Veränderung** über einen Regler eingestellt werden. Bei einer rechteckigen Auswahl führt die Wahl von ③ **Kreisförmig** zu einer Abrundung der Ecken. Haben Sie **Umrandung** gewählt, steuern Sie über ④ **Ausrichtung**, ob die Umrandung nach **Innen**, **Außen** oder zur **Mitte** erfolgen soll. ⑤ **Auswahl speichern** wählen Sie zur Sicherung komplexer Auswahlen. ⑥ **Pixelauswahl umkehren** ist ein häufig genutzter Befehl, wenn feine Strukturen vor einfachen Flächen ausgewählt werden.

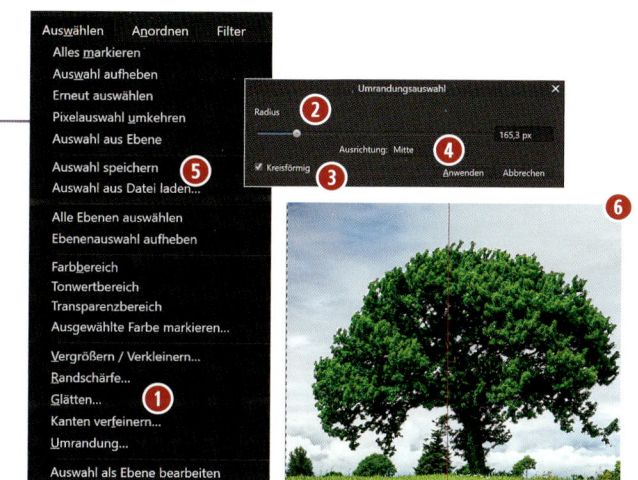

Kanten verfeinern

Erstellen Sie eine Auswahl und klicken Sie in der Kontextleiste ① **Verfeinern**. Aktivieren Sie ② **Hintergrundmaskierung (Matte)**, um feinste Strukturen des Motivs (Haare, Fell) vom Hintergrund zu trennen. Wählen Sie eine passende ③ **Pinselbreite** und übermalen Sie den ④ **Randbereich** zwischen Vorder- und Hintergrund. Den Erkennungsbereich skalieren Sie über ⑤ **Randbreite**. Mit ⑥ **Glätten** und ⑦ **Randschärfe** sorgen Sie für einen weicheren Übergang zwischen ausgewähltem und nicht ausgewähltem Bereich. ⑧ **Ausdehnung** ändert die Größe der Auswahl. ⑨ **Vorder-** und **Hintergrund** wählen Sie, um Motivteile einem dieser Bereiche zuzuweisen.

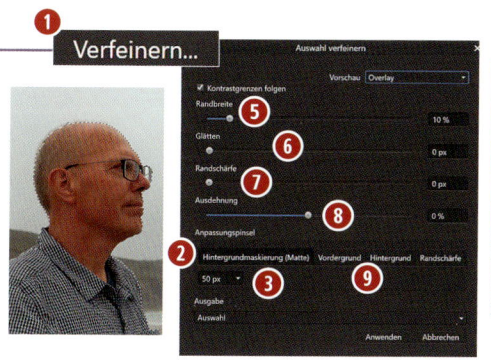

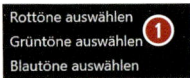

Farbbereiche auswählen

Die Rot-, Grün- und Blautöne des Fotos wählen Sie über ① **Auswählen → Farbbereich** aus, nachdem Sie im Ebenenstapel die Pixelebene angeklickt haben. Um die Rot-, Grün- oder Blautöne entsprechend ihres Anteils am Gesamtbild auszuwählen, klicken Sie in der Kanälepalette einen ② **Farbverbundkanal** mit der rechten Maustaste an und wählen **Als Pixelauswahl laden**. Nachdem Sie auf einem dieser Wege eine Auswahl erzeugt haben, verwenden Sie sie als Grundlage einer selektiven Anpassung oder passen sie bei Bedarf weiter an. Verwenden Sie ③ **Auswählen → Ausgewählte Farbe markieren**, um durch Anklicken eine Bildfarbe in der Vorschau zu wählen.

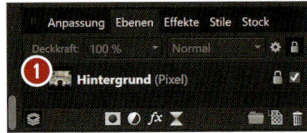

Tonwertbereiche auswählen

Die Auswahl von Tonwertbereichen entsprechend ihrer Helligkeit funktioniert über **Auswählen → Tonwertbereiche**. Hier können Sie dann **Schatten**, **Lichter** oder **Zwischentöne** auswählen. Die so erstellte Auswahl nutzen Sie – gegebenenfalls nach einer Anpassung der Auswahl – als Grundlage einer selektiven Anpassung. Um 50 Prozent der hellsten Tonwerte des Bildes auszuwählen, klicken Sie bei gedrückter ⇧-und Strg-Taste auf die ① **Ebenenminiatur** der Pixelebene. Möchten Sie die 50 Prozent der dunkelsten Tonwerte selektiv bearbeiten, genügt es, die ② **Luminanzmaske** über Strg ⇧ I zu invertieren. Wie oben beschrieben, ist eine Tonwertauswahl auch über Farbkanäle möglich.

Von der Auswahl zur Maske

① **Aktive Auswahlen** sind durch umlaufende Linien zu erkennen. Eine Bearbeitung – etwa das Übermalen – ist nur innerhalb der Auswahl möglich. Mit [Strg] [C] kopieren Sie den ausgewählten Bereich und fügen ihn mit [Strg] [V] als neue Ebene in das Zielbild ein, wo er mit dem ② **Verschiebewerkzeug** platziert, gedreht oder skaliert werden kann. Im Ebenenstapel wandeln Sie eine aktive Auswahl durch Klick auf ③ **Maskierungsebene** in eine Maske für die ausgewählte Ebene um. Mit [Alt] 🖑 auf die ④ **Maskenminiatur** aktivieren Sie die Maske zur Bearbeitung. Änderungen können mit dem Pinsel und schwarzer, grauer oder weißer Farbe aufgemalt werden.

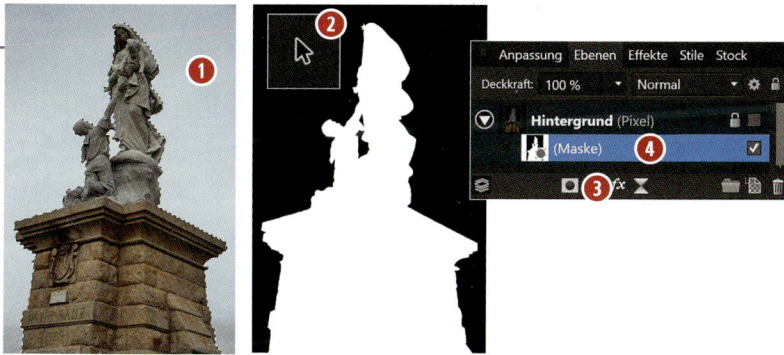

Bereichsanpassung und Überblendungen

① **Masken** zeigen weiße, graue oder schwarze Bereiche. Der weiße Bereich der Maske repräsentiert den Auswahlbereich. Schwarze Bereiche entsprechen dem nicht ausgewählten Bereich. Graue Bereiche zeigen, dass ein Bereich teilweise ausgewählt ist. Zur selektiven Veränderung eines Bildbereichs klicken Sie bei aktiver Auswahl ② **Anpassungen** in der Ebenenpalette und erstellen eine ③ **Anpassungsebene**. Im weißen Bereich der Maske wirkt die Anpassung zu 100 Prozent. Im schwarzen Bereich ist die Änderung nicht, in grauen Maskenbereichen nur teilweise sichtbar. Erstellen Sie für eine im Stapel oben liegende Ebene eine ④ **Maskierungsebene**, um die Ebenen zu überblenden.

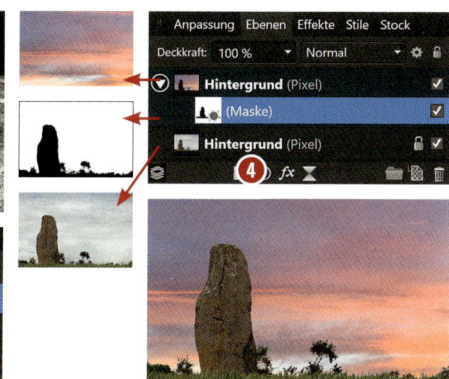

Mischmodi und Filter

Mischmodi und Live-Filter stehen im Fokus dieses Kapitels. Diese Programmfunktionen von Affinity Photo haben das Potenzial, Sie bei der Korrektur und Optimierung Ihrer Fotos zu unterstützen und bieten zugleich die Möglichkeit, Bilder kreativ zu gestalten und zu verändern.

Mischmodi sind mathematische Verfahren, bei denen zwei übereinander liegende Ebenen miteinander verrechnet werden. Die Ergebnisse der Mischmodi variieren. Mal haben sie wie bei **Multiplizieren** abdunkelnde Wirkung oder hellen sie auf, wie es beim **Negativ multiplizieren** der Fall ist. Mal ermöglicht es ein Mischmodus, die Farben eines Bildes zu beeinflussen, ohne dass zugleich auch die Sättigung oder Luminanz dabei verändert wird. **Farbe**, **Sättigung** oder **Luminanz** sind die wichtigsten Vertreter dieser Mischmodi, die vor allem in Kombination mit Anpassungen wie etwa einer Gradationskurve oder mit Filtern verwendet werden. Steuerbar sind alle Mischmodi zusätzlich durch eine Änderung der Deckkraft der Ebene.

Affinity Photo unterscheidet zwei Filterarten: den normalen **Filter**, der die Anpassung in die Pixelebene einrechnet, und den **Live-Filter**, bei dem die Anpassung nachträglich über einen Doppelklick auf die Filterebene neu justiert werden kann. Möchten Sie bei den destruktiv arbeitenden Filtern mehr Sicherheit, sollten Sie vor der Verwendung die jeweilige Ebene duplizieren. Wie bei Ebenen können Sie die Wirkung eines Filters durch eine Maskierung verändern. Zwei Wege führen dabei zum Ziel: Sie erstellen eine Auswahl, bevor Sie den Filter aufrufen. Die Maskierung erfolgt dann automatisch. Alternativ malen Sie nachträglich eine Maskierung. Genügen Ihnen die Filter von Affinity Photo nicht, so lassen sich auch Filter anderer Anbieter in Affinity Photo verwenden.

Viel Kreativpotential hat auch die **Liquify Persona**. Mit diesem Werkzeug lassen sich Fotos verzerren und verzeichnen, Sie können es bei der Porträtretusche allerdings auch gebrauchen, um zum Beispiel die Augengröße zu verändern oder um die Mundwinkel leicht nach oben zu verschieben, um einem Lächeln mehr Ausdruck zu verleihen. Ob die Anpassung zur Karikatur wird oder subtil die Bildidee unterstützt, liegt bei Ihnen.

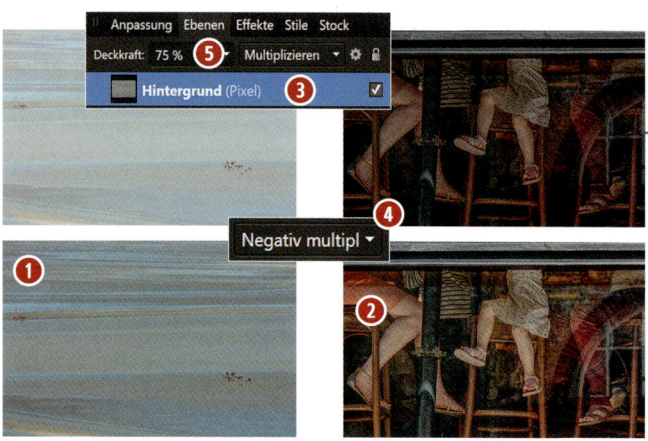

Multiplizieren und Negativ multiplizieren

Sie verwenden die Mischmodi ① **Multiplizieren** und ② **Negativ multiplizieren**, um auf einfache Weise eine Korrektur der Bildhelligkeit zu erreichen. Mit **Multiplizieren** werden die Farben der oberen und unteren Ebene so gemischt, dass stets ein dunklerer Farbwert entsteht. **Negativ Multiplizieren** verwenden Sie, um Bilder schnell aufzuhellen. Bei beiden Modi ist es erforderlich, dass Sie zuvor über das Kontextmenü der Ebene oder über Strg J die ③ **Pixelebene duplizieren**. Wählen Sie den passenden ④ **Mischmodus** und justieren Sie die Wirkung durch Anpassen der ⑤ **Deckkraft**. Im Kontextmenü wählen Sie abschließend **Abwärts** oder **Sichtbare zusammenlegen**.

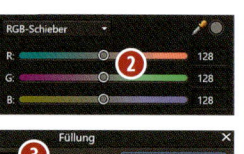
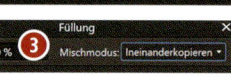

Dodge & Burn mit Ineinanderkopieren

Ineinanderkopieren kombiniert die Modi **Multiplizieren** und **Negativ multiplizieren**. Wählen Sie im Ebenen-Palettenmenü ① **Pixelebene hinzufügen**. Über **Bearbeiten → Füllung → Selbstdefinierte Farbe** füllen Sie die neue Ebene mit ② **50 Prozent Grau** (Rot 128, Grün 128, Blau 128). Stellen Sie ③ **Ineinanderkopieren** als Mischmodus ein. Aktivieren Sie den ④ **Malpinsel** und übermalen Sie die Ebene mit Schwarz, Weiß oder Grau. Mit Weiß hellen Sie die untere Ebene auf, mit Schwarz dunkeln Sie sie ab. Die Wirkung von Grau hängt von dem unter ⑤ **Farbfelder** im Menü ⑥ **Grautöne** gewählten Tonwert ab. Kreative Optionen ergeben sich unter anderem durch die Pinseleinstellungen.

Luminanz und Weiches Licht

Eine Kontrastanpassung – beispielsweise mit einer Gradationskurve – hat stets Auswirkung auf die Farbsättigung. Verwenden Sie den Mischmodus **Luminanz**, wird die Sättigung der Bildfarben nicht verändert. Wie bei der Wahl des Mischmodus **Normal** wird auch bei der Wahl von **Weiches Licht** im Fall einer Kontraststeigerung die Farbsättigung verändert. Hier jedoch ist die Anpassung davon abhängig, ob die Farbe im Foto heller oder dunkler als mittleres Grau ist. Um die Anpassung nach Wunsch zu steuern, wählen Sie die gewünschte ① **Anpassung** über das Ebenen-Palettenmenü aus und ändern im ② **Dialog** oder nachträglich über ③ **Ebenen** den Mischmodus.

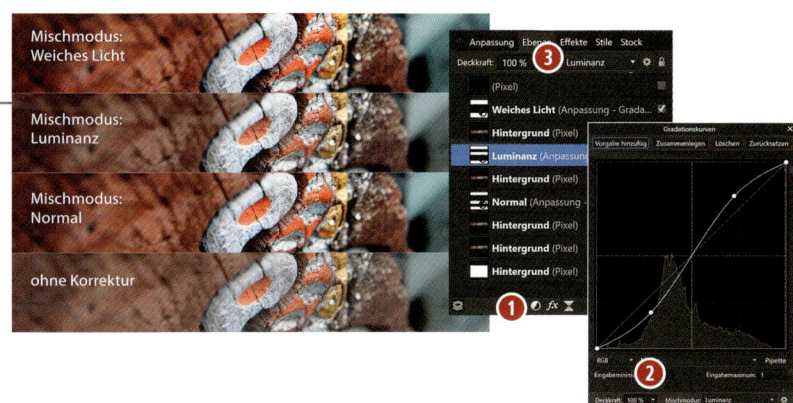

Farbe als Mischmodus

Zur Kolorierung von Graustufenbildern verwenden Sie **Farbe** als Mischmodus, da so der Farbton und die Sättigung der oberen Ebene übernommen werden, die Luminanz jedoch aus der unteren Ebene. Erzeugen Sie über die Ebenenpalette zunächst eine ① **Schwarzweiß-Anpassung** und folgend eine neue ② **leere Ebene**. Aktivieren Sie ③ **Bereich füllen**. Im Register **Farbe** wählen Sie mit den ④ **RGB-Reglern** oder durch Anklicken einer Farbe im ⑤ **Farbspektrum** eine Farbe aus. Mit einem Klick in den Vorschaubereich füllen Sie die Ebene mit der gewählten Farbe. Ändern Sie den Modus für die neue Ebene auf ⑥ **Farbe** und passen Sie die ⑦ **Deckkraft** nach Wunsch an.

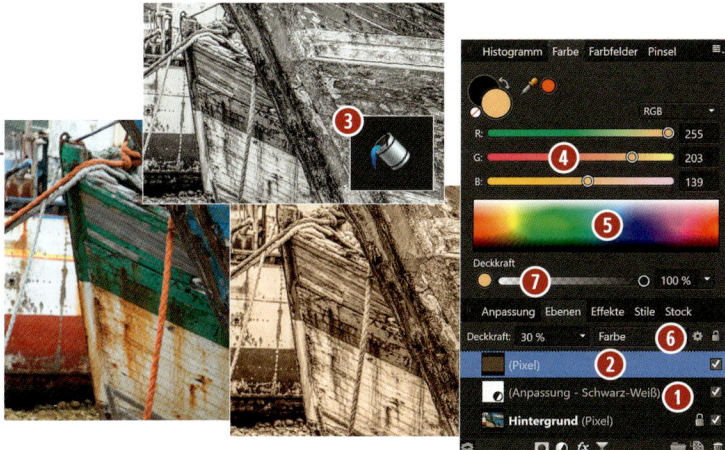

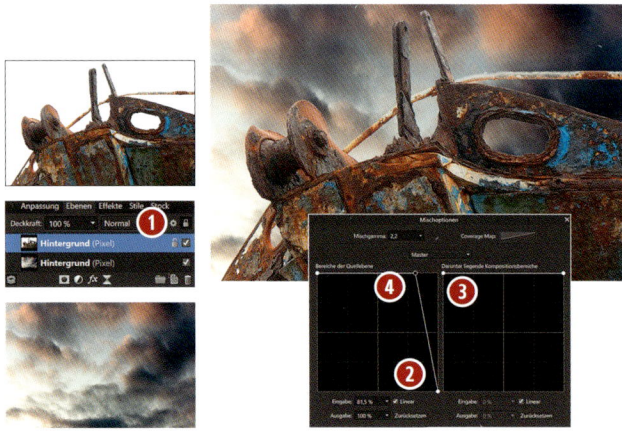

Mischbereiche

① **Mischbereiche** aktivieren Sie über die Ebenenpalette. Im Dialogfeld legen Sie die Sichtbarkeit von Tonwerten für die aktive (obere) Ebene und für die darunterliegende(n) Ebene(n) fest. Der Graph repräsentiert von links nach rechts die Tonwerte vom dunkelsten zum hellsten Tonwert. Ziehen Sie die ② **Anfasser** für **Bereiche der Quellebene** nach unten, um die Sichtbarkeit der Pixel der ausgewählten Ebene zu verringern, oder ziehen Sie die Anfasser für die ③ **Darunter liegende(n) Kompositionsbereiche** nach unten, um die Sichtbarkeit der Pixel dieser Ebenen zu erhöhen. Klicken Sie auf den Graphen, um ④ **eigene Anfasser** zu erzeugen, die Sie mit Rechtsklick löschen können.

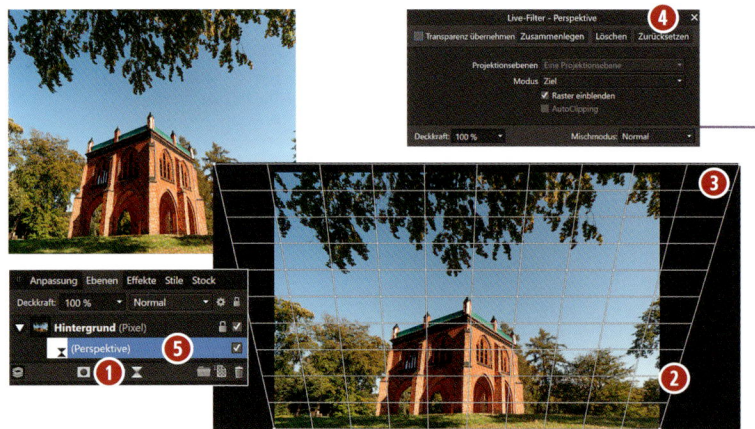

Perspektivkorrektur per Live-Filter

Um Perspektivfehler, zum Beispiel stürzende Linien, zu korrigieren, klicken Sie ① **Live-Filter** im Menü der Ebenenpalette und wählen **Perspektive**. In der Vorschau wird ein ② **Raster** eingeblendet, dessen ③ **Eckpunkte** Sie ziehen, um die Perspektive zu ändern. Die Änderungen werden unmittelbar eingeblendet. ④ **Schließen** Sie den Dialog, um die Bearbeitung abzuschließen. Ein Doppelklick auf die ⑤ **Filterebene** in der Ebenenpalette ermöglicht eine erneute Bearbeitung und Anpassung der Korrektur. Während der Korrektur kann es erforderlich sein, die Vorschaugröße zu skalieren. Dies lässt sich bequem über Strg ⊞, Strg ⊟, Strg ⓪ erledigen.

Vignette und Tiefenschärfe

Aktivieren Sie die Live-Filter ① **Vignette** oder ② **Tiefenschärfe** über die Ebenenpalette. Die Randabschattung legen Sie im **Vignette-Dialog** über ③ **Härte**, **Form** und **Skalierung** fest. Hellen Sie den Randbereich mit ④ **Belichtung** auf oder ab. Die Härte-Einstellung steuert wie weich und fließend der Übergang ist. Mit ⑤ **Klarheit** betonen Sie beim **Tiefenschärfefilter** bildwichtige Motivteile und zeichnen andere Bildelemente mit ⑥ **Radius** gleichzeitig weich. Die Form des Unschärfeverlaufs wählen Sie über ⑦ **Modus** und bestimmen dessen ⑧ **Position** und **Breite** über Anfasser. Mit ⑨ **Leuchtkraft** beeinflussen Sie die Sättigung gedämpfter Farben.

Live-Filter: Ausleuchtung

Mit dem Live-Filter **Ausleuchtung** inszenieren Sie eine Lichtstimmung und Beleuchtung, indem Sie eine oder mehrere Lichtquellen kombinieren. Wählen Sie etwa ① **Spot**, um einen elliptischen Lichtstrahl ähnlich einer Taschenlampe zu erzeugen. Stellen Sie mit ② **Diffus**, **Spiegelnd** und **Glanz** den Grad des diffus gestreuten Lichts, den Grad des reflektierten Lichts und die Verteilung der spiegelnden Reflexion ein. Weiterhin bestimmen Sie mit ③ **Umgebungslichtfarbe** die Farbe des Umgebungslichtes und mit ④ **Umgebung** die Intensität des Hintergrundlichts ein. Zur Einstellung von ⑤ **Distanz**, **Richtung**, **Außen-** und **Innenkegel** verwenden Sie die ⑥ **Anfasser**.

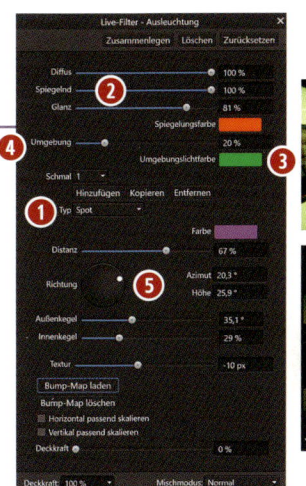

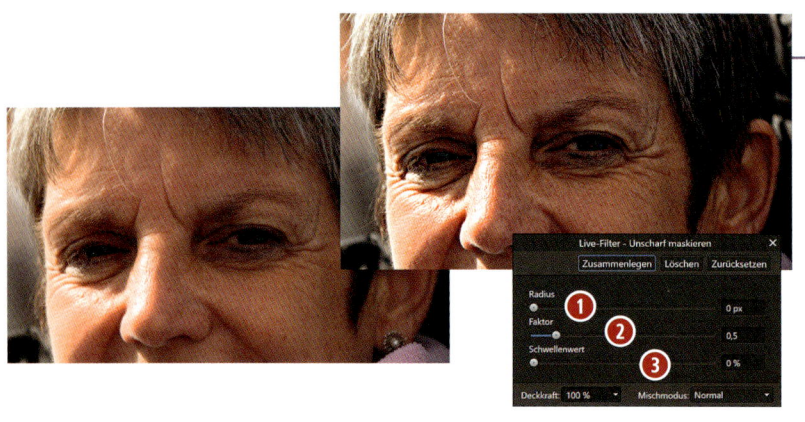

Richtig schärfen

Unscharf maskieren verwenden Sie zum Abschluss der Bearbeitung, um vor dem Druck die Kantenschärfe durch eine Kontrastanhebung im Bild zu erhöhen und damit den Schärfeeindruck zu verbessern. Mit ① **Radius** bestimmen Sie, in welchen Bereich um eine Kante herum der Filter wirken soll. Wählen Sie hier anfänglich einen hohen Wert, bis Sie mit ② **Faktor** die Stärke der Kontrasterhöhung festgelegt haben. Verringern Sie dann den Wert für **Radius**, bis um die Kanten herum keine Lichtsäume oder Artefakte mehr zu erkennen sind. Mit ③ **Schwellenwert** bestimmen Sie, wie hoch der Kontrast zwischen zwei Farben sein muss, damit der Filter überhaupt wirkt.

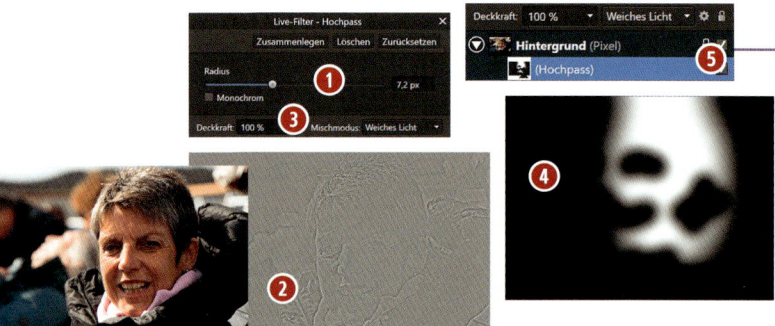

Hochpass-Schärfen mit Maskierung

Hochpass-Schärfen ist eine Alternative zum **Unscharf maskieren**. Rufen Sie den Live-Filter auf und vergrößern Sie in der 100-Prozent-Ansicht den ① **Radiuswert**, bis alle ② **Kanten** sichtbar sind, die Sie schärfen wollen. Flächen sollten nicht sichtbar sein. Wechseln Sie zum Mischmodus ③ **Weiches Licht**. Mit einer ④ **Maskierung** können Sie jetzt die Wirksamkeit der Filterung steuern. Wählen Sie dazu bei ⑤ **aktiver Live-Filterebene** den Malpinsel. Mit geringer Deckkraft und geringer Härte übermalen Sie die Bereiche, die nicht durch den Filter verändert werden sollen mit Schwarz. Mit Grau reduzieren Sie die Filterwirkung und mit Weiß lassen Sie den Filter vollständig wirken.

Die Liquify Persona

Wählen Sie eine Pixelebene aus und wechseln Sie zur ① **Liquify Persona**. Das angezeigte Raster schalten Sie über ② **Gitter anzeigen** ein oder aus. Über ③ **Pinsel** stellen Sie das Verhalten der Werkzeuge ein, die Sie links neben der Vorschau sehen. Mit den ④ **Werkzeugen** verschieben Sie durch Übermalen Pixel zum Beispiel nach links oder rechts. Möchten Sie verhindern, dass Bildbereiche verändert werden, wählen Sie ⑤ **Einfrieren** und übermalen die ⑥ **Bereiche** im Bild, die Sie fixieren möchten. Mit ⑦ **Auftauen** können Sie die Markierung entfernen. Über ⑧ **Position** nehmen Sie Änderungen schrittweise zurück. Mit ⑨ **Anwenden** kehren Sie zur **Develop Persona** zurück.

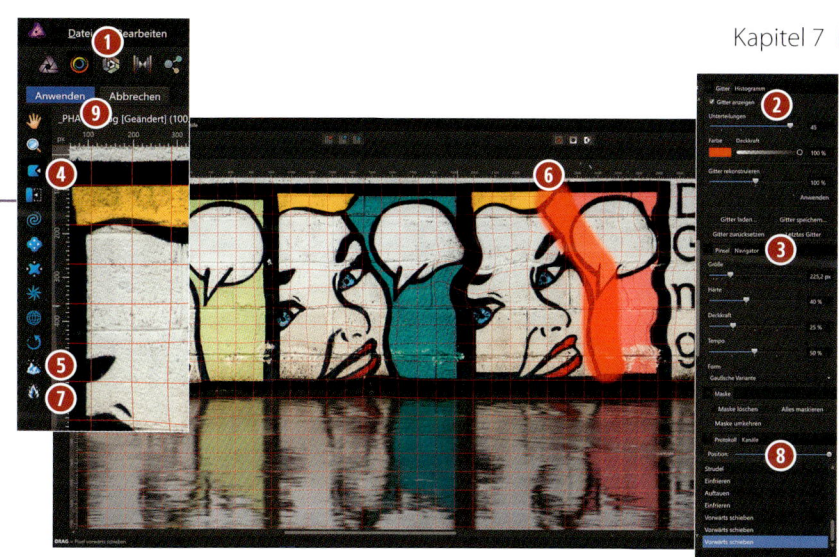

Zusätzliche Plug-ins

Zu Affinity Photo kompatible Filter externer Anbieter rufen Sie über **Filter → Plugins** auf. Die Bedienung der Plug-ins variiert, doch meist finden Sie wie im hier gezeigten **Silver Efex-Filter** auf der linken Seite eine Reihe von ① **Presets**, die Sie als Bearbeitungsgrundlage verwenden. Auf der rechten Seite finden Sie die programmspezifischen Einstelloptionen: Bei diesem Filter beispielsweise die Möglichkeit, über ② **Kontrollpunkte** automatische Masken zu erstellen, um so Fotos selektiv zu gestalten. Nach dem Speichern nehmen Sie weitere Anpassungen in der **Develop Persona** vor. Über **Bearbeiten → Einstellungen → Plugins** fügen Sie Plug-ins zu Affinity Photo hinzu.

BRETAGNE

Text und Ebeneneffekte

Bild und Text passen gut zusammen. Mal wird für ein Buchprojekt, für eine Diaschau, für ein Poster oder eine Webseite nur ein griffiger Titel benötigt. Mal interessiert der Kontrast zwischen Bild- und Textebene. Affinity Photo stellt Ihnen alle wichtigen Textwerkzeuge bereit.

Schriften, die Sie heute auf dem Computer benutzen, sind in der Regel Vektorfonts. Die Linienführung der Schriftart wird bei diesen Fonts durch Koordinaten beschrieben, die den Anfangs- und Endpunkt der Linie definieren. Aber auch die Krümmung zwischen diesen Punkten, die Linienstärke oder die Füllung der Fläche zwischen zwei Linien kann durch weitere Attribute definiert werden. Der Vorteil ist, dass Sie diese Fonts ohne Qualitätsverlust beliebig skalieren können. Bei Bitmap-Fonts war dies anders. Hier wurde eine rechteckige Punktmatrix verwendet, innerhalb derer Punkte gesetzt oder nicht gesetzt wurden. Eine Skalierung war nur durch Interpolation möglich und

wurde häufig von einem Qualitätsverlust begleitet. Auch Fotos sind Rastergrafiken. Mit der Möglichkeit, Vektortext und Formen – auch das sind Vektorobjekte – in Affinity Photo einzusetzen, werden die beiden Welten miteinander verbunden. Für Grafikdesigner, die regelmäßig mit Vektorgrafiken arbeiten, hat Serif Affinity Designer im Portfolio.

Sie bemerken den Unterschied zwischen Raster- und Vektorgrafik im Alltag nicht. Nur manchmal werden Sie auf die Option stoßen, dass die Vektorschrift gerastert wird. Für Sie heißt das, dass die Schrift anschließend wie ein Bild behandelt wird und nicht mehr verlustfrei gedreht oder skaliert werden kann. Vermeiden Sie das Rastern, bis Sie sicher sind, dass keine Transformationen oder Textänderungen mehr notwendig sind.

Auf den meisten Rechnern gibt es ausreichend viele Schriftarten oder Fonts. Doch mitunter benötigen Sie einen Spezialfont, zum Beispiel eine Handschrift, eine Fraktur- oder Pinselschrift oder eine Symbolschriftart. Auf Webseiten wie *www.designerinaction.de* oder *www.myfonts.de* finden Sie eine Reihe von Schriftarten, die Sie in der Regel kostenlos herunterladen und oft auch ohne Lizenzgebühr verwenden dürfen. Doch auch bei Schriften sollte man beachten, dass gegebenenfalls das Copyright angegeben werden muss.

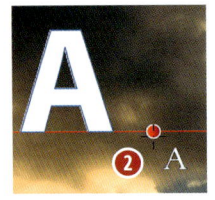

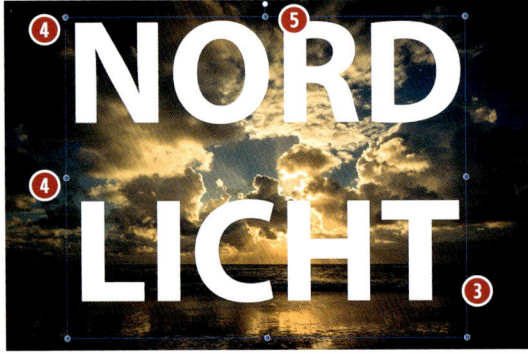

Texte einfügen und platzieren

Um ① **Grafiktext** einzufügen, wählen Sie das Werkzeug aus und klicken in die Vorschau. ② **Ziehen** Sie dabei die Maus, um die Schriftgröße festzulegen. Die Eingabe beenden Sie durch Wechsel zu einem anderen Werkzeug. Um den Text nachträglich zu editieren, wechseln Sie bei aktivem Textwerkzeug in die **Textebene** und klicken auf den Text. Nutzen Sie den Rahmen und die Anfasser des Textfeldes, um dieses mit dem Verschieben-Werkzeug zu ③ **platzieren**, zu ④ **skalieren** und zu ⑤ **drehen**. Für eine nicht verzerrende Skalierung halten Sie ⇧ gedrückt. Für längere Fließtexte, wie Sie sie von Texteditoren wie Word kennen, verwenden Sie ⑥ **Rahmentext**.

Formen einfügen und platzieren

Aktivieren Sie das ① **Formwerkzeug**, wählen Sie eine ② **Form** aus und ziehen Sie im Vorschaubereich ein Rechteck oder bei gedrückter ⇧-Taste ein Quadrat auf, in das hinein die Form gesetzt wird. Über ③ **rote Anfasser** ändern Sie die Form. Zur Platzierung klicken Sie mit dem **Verschieben-Werkzeug** auf den Rahmen. Skalieren und Drehen erfolgt über Anfasser. Durch ein Verschieben des Rahmens kann die Form neu positioniert werden. Halten Sie ⇧ gedrückt, um die horizontale oder vertikale Ausrichtung während des Verschiebens beizubehalten. Für eigene Formen nutzen Sie den ④ **Zeichenstift**, das ⑤ **Knotenwerkzeug** und die Einstelloptionen in der Kontextleiste.

Texte und Formen ausrichten

Beim Verschieben von Texten, Formen und Ebenen zeigt Affinity Photo ① **dynamische Hilfslinien** an. Diese, aber auch die über **Ansicht** einblendbaren ② **Hilfslinien** und Raster erleichtern die exakte Ausrichtung der verschobenen Objekte zueinander. Über die Symbolleiste ist eine ③ **magnetische Ausrichtung** um **ganze Pixel** als Standard voreingestellt. Die Optionen unter ④ **Ausrichtung** verwenden Sie als Alternative zur manuellen Ausrichtung, nachdem Sie die Objekte oder Ebenen ausgewählt haben. Horizontale und vertikale ⑤ **Hilfslinien** fügen Sie über **Ansicht → Hilfslinien konfigurieren** hinzu. Über **Raster und Achsen konfigurieren** definieren Sie die Rasterweite.

Zeichenformatierung

Die Zeichenformatierung folgt den Regeln, die in der Textverarbeitung üblich sind: Der Text wird markiert, dann werden Eigenschaften zugewiesen. Die wichtigsten Optionen finden Sie in der Kontextleiste. Klicken Sie hier auf ① **Zeichen**, um weitergehende Optionen angezeigt zu bekommen. Klappen Sie die Gruppe ② **Positionierung und Transformation** auf, um die Werte für ③ **Unterschneidung**, **Zeichenabstand**, den **Abstand zur Grundlinie** oder die **horizontale** und **vertikale Skalierung** einzelner Zeichen zu verändern. Über ④ **Typografie** ist die automatische Verwendung von Ligaturen aktiviert. Sie finden aber auch Lösungen für andere typografische Sonderfälle.

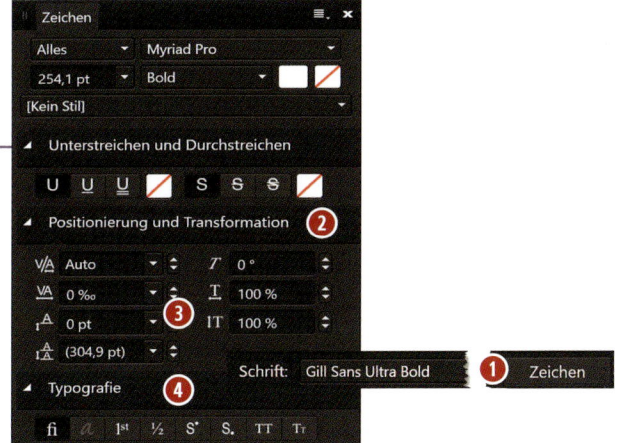

Typografie

Grob können Schriften in **Serif-** und **Groteskschriften** unterteilt werden. Schriften unterscheiden sich durch die **Höhe** der Buchstaben und durch die **Laufweite** voneinander. Die meisten Schriften sind heutzutage **Proportionalschriften**, die einen variablen Buchstabenabstand haben. Ein gut lesbarer Text ergibt sich zum Beispiel durch die Verwendung von optischen (*Kursiv*, KAPITÄLCHEN) und ästhetischen Auszeichnungen (**Fett**, GROSSBUCHSTABEN) und durch die Verwendung von **Ligaturen**, die den Zeichenabstand harmonisch gestalten. **Bildinhalt** und **Schriftart** sollten aufeinander abgestimmt sein und zueinander passen.

Füllungen, Farbfelder und Verläufe

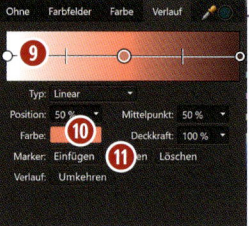

Über ① **Füllung** weisen Sie Texten und Formen Farbe zu. In **Farbfelder** wählen Sie ② **Farben**, **Grautöne** oder **Verläufe** und klicken auf ein ③ **Farbmuster**. Im Register **Farbe** wählen Sie ④ **HSL-Schieber** und legen über die ⑤ **Regler** Hue (Farbton), Saturation (Sättigung) und Luminance (Helligkeit) fest. Oder klicken Sie in den ⑥ **Spektrumbereich**. Ziehen Sie die ⑦ **Pipette** auf die Vorschau, um eine Bildfarbe auszuwählen. Diese weisen Sie über das ⑧ **Farbfeld** neben der Pipette dem Objekt zu. In **Verlauf** wählen Sie einen ⑨ **Marker**, dem Sie eine ⑩ **Farbe** zuweisen. Mit Klick auf ⑪ **Marker** setzen Sie weitere Farbmarker.

Absatzformatierung

Indem Sie ⏎ bei der Texteingabe drücken, erzeugen Sie einen Absatz, dessen ① **Ausrichtung** Sie über das Register **Absatz** festlegen. Wählen Sie zwischen einer linksbündigen, zentrierten oder rechtsbündigen Absatzausrichtung und verschiedenen Varianten des Blocksatzes. Zudem können Sie dem Absatz einen zuvor definierten Textstil zuweisen. Über die Regler der Gruppe ② **Abstände** können Sie neben dem Zeilenabstand bestimmen, wie groß der Abstand eines Absatzes zum vorhergehenden oder nachfolgenden Absatz sein soll. Weiterhin können Sie das Aussehen von Absätzen durch einen Erstzeileneinzug oder durch die Einrückung von linkem und rechten Rand gestalten.

Tabellen mit Tabstopps

Mit Tabstopps richten Sie Ihren Text tabellarisch aus. Schreiben Sie zunächst Ihren Text. Drücken Sie ⇥, sobald Sie den nachfolgenden Text in einer neuen Spalte schreiben wollen. Den Abstand zwischen den Textspalten bestimmen Sie über das Wertefeld der Gruppe **Tabstopps**. Mit ① **Klick auf** + speichern Sie die Position und haben dadurch die Möglichkeit, die ② **Ausrichtung** des Textes in der durch Tabulator getrennten Spalte festzulegen. Für Fließtexte empfiehlt es sich meist, eine linksbündige oder zentrierte Ausrichtung zu verwenden. Die rechtsbündige oder dezimale Ausrichtung verwenden Sie bei Zahlenkolonnen.

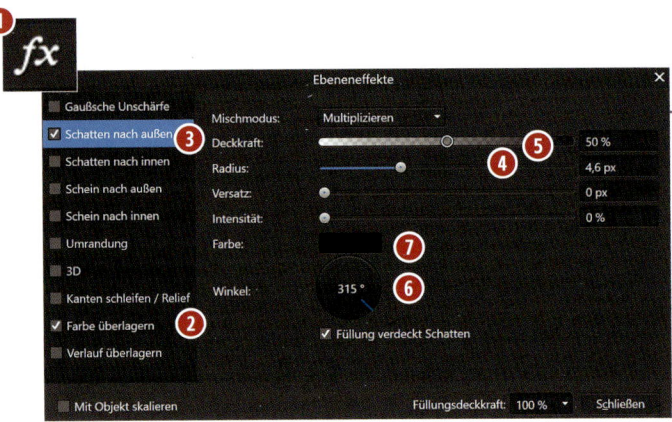

Effekte nutzen

Wählen Sie eine Text- oder Formebene aus und klicken Sie in der Ebenenpalette auf ① **fx**, um einen Effekt zu gestalten. ② **Aktivieren** Sie die Effektkategorie, die Sie bearbeiten möchten und ③ **wählen** Sie sie aus. Die angezeigten Einstellmöglichkeiten variieren, doch mit ④ **Radius** bestimmen Sie die Stärke des Effekts und mit ⑤ **Deckkraft** die Transparenz. Mit ⑥ **Winkel** legen Sie die Lichtrichtung fest und steuern so die dreidimensionale Wirkung. Über ⑦ **Farbe** bestimmen Sie die Füllungs- oder Schattenfarbe. Sie können mehrere Effekte auf ein Objekt anwenden. Ein Doppelklick auf **fx** in der Text- oder Forme-bene öffnet den Dialog zur nachträglichen Anpassung.

Vom Effekt zum Stil

Die Füllungs-, Farb- und Transparenzeigenschaften, die Sie als Effekt festlegen, speichern Sie zur wiederholten Verwendung als Stil. Ein Beispiel: Erstellen Sie einen Grafiktext. Wechseln Sie zu ① **Stile** und ziehen Sie den ② **Glas-Effekt** auf den Text. Wechseln Sie zu **Ebenen** und klicken **fx** in der Textebene doppelt. Aktivieren Sie ③ **Farbe überlagen**. Wählen Sie eine Farbe aus und reduzieren Sie die Deck-kraft. Schließen Sie den Dialog und wechseln Sie zu **Stile**. Öffnen Sie das Einblendmenü der Palette und wählen Sie ④ **Stilkategorie hinzufügen**, dann ⑤ **Kategorie umbenennen**, zum Beispiel *Glas*. Im Einblendmenü wählen Sie ⑥ **Stil aus Auswahl hinzufügen**.

Stile aus dem Internet

Die Entwicklung eigener Stile ist zeitaufwendig. Über Webseiten wie *www.miguelboto.com/affinity/resources* finden Sie zahlreiche Vorgaben. Laden Sie einen Stil herunter und entpacken Sie die ZIP-Datei. Über das Einblendmenü der Palette wählen Sie ① **Stilkategorie importieren**. Auf derselben Webseite finden Sie weitere Ressourcen, die für das Arbeiten mit Affinity Photo interessant sind: ② **Pinsel**, **Farbpaletten**, aber auch fertige **Vorlagen**. Darüber hinaus gibt es Video-Tutorials, die jedoch zumeist auf die Lernvideos verweisen, die Sie auch über **Hilfe → Tutorials** von der ③ **Serif-Homepage** aufrufen können. Diese Tutorials ergänzen die Hilfe gut, sind jedoch in Englisch.

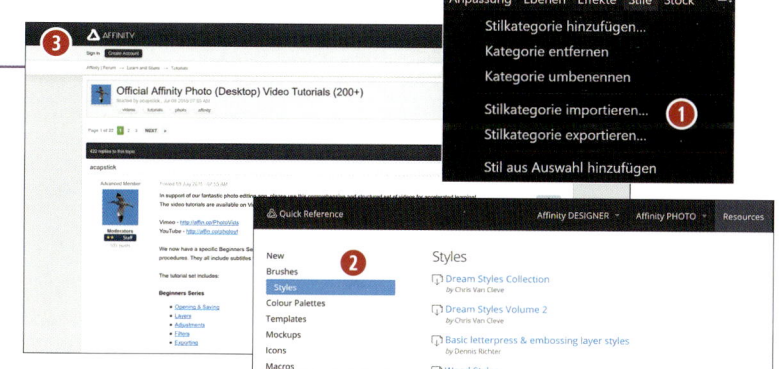

Mit Maskierungsgruppen arbeiten

Texte und Formen können Sie als Masken verwenden. Über eine Pixelebene legen Sie eine Text- oder Formebene an. Für den Text empfehlen sich meist serifenlose Schriftarten. ① **Skalieren** und **platzieren** Sie Text oder Form nach Wunsch mit dem Verschieben-Werkzeug. Klicken Sie bei gedrückter Strg-Taste auf die Text- oder Formebene, um diese als Auswahl zu laden. Wählen Sie die Bildebene aus, klicken Sie ② **Maskierungsebene** in der Ebenenpalette und ③ **deaktivieren** Sie die Textebene. Mit Strg D heben Sie die Auswahl auf. Weitere Gestaltungsoptionen ergeben sich über ④ **Effekte**, ⑤ **Mischmodi**, ⑥ **Deckkraft** oder die ⑦ **Kombination** mehrerer Ebenen.

Fotokombinationen

HDR-, Focus Stacking- oder Panoramabilder haben eines gemeinsam: Auf der Grundlage einer Bildserie setzen Sie damit ein neues Foto zusammen, mit dem Sie die Dynamikgrenzen des Kamerasensors erweitern, den Bildwinkel vergrößern oder den Schärfebereich ausdehnen.

Grundlage eines HDR-Bildes ist eine Bildserie, bei der Sie von Bild zu Bild die Belichtungszeit variieren. Am Ende haben Sie dann mehr Helligkeitsstufen erfasst, als es der Sensor Ihrer Kamera bei nur einer Aufnahme könnte. Beim Focus Stacking, meist bei Makrofotos verwendet, doch auch bei Landschaftsaufnahmen sinnvoll, verändern Sie zwischen den Aufnahmen die Schärfeebene, um so den optisch möglichen Schärfebereich auszudehnen. Beim Panoramafoto fotografieren Sie mehrere, sich teilweise überlappende Bilder, die zusammengesetzt einen größeren Bildwinkel haben, als der, den Ihr Objektiv mit einer Aufnahme erfassen kann, oder als der, den Sie – ohne den Kopf zu drehen – sehen können. Die besten Ergebnisse bei allen drei Fotokombinationen bekommen Sie, wenn Sie vom Stativ fotografieren und ausschließlich die Verschlusszeit von Aufnahme zu Aufnahme ändern, wenn eine Belichtungskorrektur notwendig ist.

Die Entwicklung eines HDR-Bildes mit Affinity Photo geschieht in mehreren Schritten, die Fotos der Belichtungsreihe werden ausgerichtet und es wird ein Bild mit einer Farbtiefe von 32-Bit erzeugt, das einen so großen Tonwertkontrast hat, das es mit herkömmlichen Monitoren nicht angezeigt und mit Druckern nicht reproduziert werden kann. In der **Tone Mapping-Persona** reduzieren Sie den Dynamikumfang so, dass das Bild reproduzierbar ist. Sie können aber auch das Zwischenergebnis in einer Open-EXR-Datei speichern und das Tone Mapping in einem spezialisierten Programm wie Photomatix vornehmen.

Fokus Stacking und das Stitchen von Panoramabilder läuft weitgehend automatisiert ab. Doch haben Sie, wie auch bei HDR-Aufnahmen, die Möglichkeit, Fehler nachträglich zu korrigieren und die Bilder zu optimieren. Beim Panoramabild hilft dabei die Live-Projektion, die Ihnen zugleich auch einen Eindruck vermittelt, wie das Bild zum Beispiel mit einer VR-Brille betrachtet werden kann.

Neue HDR-Kombination

Über **Datei → Neue HDR-Kombination** beginnen Sie den Workflow von HDR-Entwicklung und Tone Mapping, nachdem Sie die Bilder zuvor auf vielleicht vorhandene Verwacklungsunschärfen bei freihändig gemachten Bildserien gesichtet haben. ① **Fügen Sie Bilder hinzu** und wählen Sie ② **Bilder automatisch ausrichten**. Das ③ **Perspektive-Verfahren** bringt meist die besseren Ergebnisse. ④ **Geisterbilder automatisch entfernen** aktivieren Sie, wenn zum Beispiel Fußgänger auf den Fotos zu sehen sind. Die weiteren Einstellungen übernehmen Sie. Bei Fotos mit hohem ISO-Wert experimentieren Sie mit der Vorgabe für ⑤ **Rauschen reduzieren**.

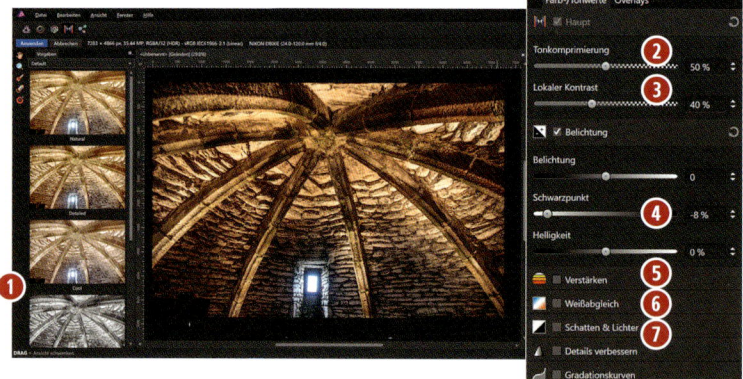

HDR-Entwicklung

In der Tone Mapping-Persona wählen Sie eine ① **Vorgabe** oder entscheiden per ② **Tonkomprimierung**, welche Tonwerte, die außerhalb des Tonwertumfangs einer 16-Bit-Aufnahme liegen in das aktuelle Foto übernommen werden. Über ③ **Lokaler Kontrast** steuern Sie die Intensität des HDR-Looks. Stellen Sie die Helligkeit und den Kontrast des Bildes über ④ **Belichtung**, **Schwarzpunkt** und **Helligkeit** ein. (Ein Absenken des Schwarzpunktes zusammen mit einer kontraststeigernden Gradationskurve bei reduzierter Sättigung führt zu realistischen Ergebnissen.) ⑤ **Verstärken** Sie Kontrast und Sättigung, passen Sie den ⑥ **Weißabgleich** an und optimieren Sie ⑦ **Schatten und Lichter**.

Mit Overlays arbeiten

Entwickeln Sie mit ① **Overlay malen** und ② **Overlay-Verlauf** Ihr Foto selektiv. Klicken Sie in die Vorschau und ziehen Sie die Maus, um die ③ **Verlaufsrichtung** des Overlay-Verlaufs festzulegen. In der Kontextleiste stehen verschiedene Verlaufstypen zur Auswahl. Für gemalte Overlays bestimmen Sie Größe und Härte des Pinsels und übermalen den ④ **Anpassungsbereich**. Bei Bedarf aktivieren Sie **Kontrastgrenzen erkennen** in der Kontextleiste. Korrekturen an den Overlays malen Sie mit ⑤ **Overlay radieren** oder Sie löschen ⑥ **Overlay-Ebenen**. Zur Anpassung verwenden Sie Funktionen, die im Register ⑦ **Farb-/Tonwerte** bereitgestellt werden.

Geisterbilder manuell entfernen

Initiieren Sie den Tone Mapping-Prozess über **Datei → Neue HDR Kombination**. Deaktivieren Sie nach der Auswahl der Bilder jedoch die Option **Farb-/Tonwerte für HDR-Bild zuordnen**. Blenden Sie über **Ansicht → Studio** ① **Quellen** ein. Hier wählen Sie die Ebene aus, deren Quelldaten Sie für die Komposition übernehmen möchten. Nutzen Sie für die folgende Retusche das ② **Stempel-Werkzeug**. Passen Sie Breite und Härte an. Zoomen mit Sie mit ⌨Strg ⌨[+] in die Vorschau und übermalen Sie die Bildbereiche mit ③ **Geisterbildern**. Diese werden durch die Pixel des aktiven Quellbereichs ersetzt. Nach Abschluss der Aktion wechseln Sie zur Tone Mapping-Persona.

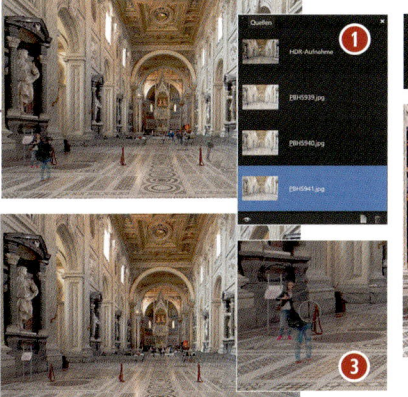

Rauschen manuell reduzieren

Fotos, die mit hohem ISO-Wert aufgenommen wurden, zeigen in dunklen Bildbereichen Farbrauschen. Die Tone Mapping-Qualität steigt, wenn Sie das Farbrauschen vor dem Tone Mapping reduzieren. Zur manuellen Rauschreduzierung starten Sie die HDR-Fotokombination nur mit automatischer Bildausrichtung und öffnen über **Ansicht → Studio** die ① **32-Bit-Vorschau**, die Ihnen über **Belichtung** die Tonwertbreite des Bildes zeigt. Erhöhen Sie die ② **Belichtung** und suchen Sie nach Stellen, in denen ③ **Farbrauschen** sichtbar wird. Nutzen Sie ④ **Filter →Rauschen →Rauschen entfernen**, um das ⑤ **Farbrauschen** bei bestmöglichem ⑥ **Erhalt von Details** zu reduzieren.

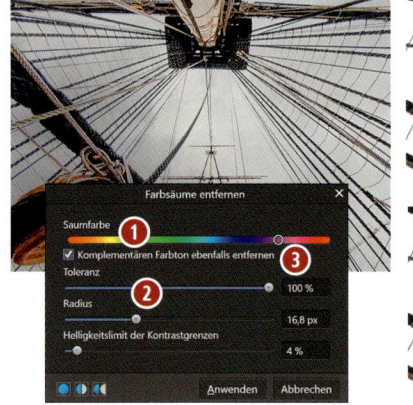

Chromafehler reduzieren

Farbsäume verringern die Qualität des Tone Mappings. Zur Minimierung des Abbildungsfehlers starten Sie die HDR-Kombination ohne automatisches Tone Mapping und verringern über die 32-Bit-Vorschau die Helligkeit. Bei höherer Zoomstufe suchen Sie nach Farbsäumen, die Sie über **Filter →Farben →Farbsäume entfernen** verringern. Im Dialog stellen Sie zunächst die ① **Saumfarbe** ein, bevor Sie mit ② **Toleranz**, **Radius** und **Helligkeitslimit der Kontrastgrenzen** den Farbbereich möglichst genau bestimmen. Aktivieren Sie ③ **Komplementären Farbton ebenfalls entfernen**, bevor Sie die Weiterbearbeitung in der Tone Mapping-Persona starten.

Selektives Tonemapping

Sollen nicht alle Bildteile in gleicher Weise durch das Tone Mapping verändert werden, gehen Sie wie zuvor beschrieben vor und beginnen eine HDR-Fotokombination ohne automatisches Tone Mapping. Im resultierenden Foto wählen Sie mit einem beliebigen Auswahlwerkzeug den Bereich aus, den Sie per Tone Mapping gestalten wollen. Mit ① **aktiver Auswahl** starten Sie das Tone Mapping. Eine Änderung erfolgt jetzt nur in den zuvor ausgewählten Bereichen. Klicken Sie ② **Anwenden**, um zur Develop Persona zurückzukehren. Wiederholen Sie den Vorgang mit einer neuen Auswahl, speichern Sie das Ergebnis oder ③ **Exportieren** Sie die Datei im Open EXR-Format.

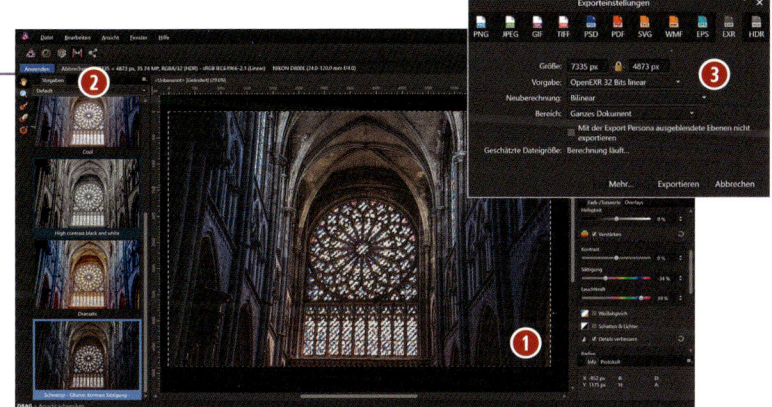

Neues Panorama

Beginnen Sie das Stitchen eines Panoramas über **Datei → Neues Panorama**. Im Dialog nutzen Sie ① **Hinzufügen** um die Bilder für ein oder mehrere Panoramen auszuwählen. Nach Klick auf ② **Zusammenfügen** erstellt Affinity Photo für alle erkannten Panoramen eine ③ **Vorschau**. Wählen Sie eine oder mehrere dieser Vorschauen aus und klicken Sie ④ **OK**, damit das Programm die Panoramaerstellung startet. Zur Kontrolle des Stitchings klicken Sie mit ⑤ **Zur Quellbildmaske hinzufügen** in die Vorschau. Sie sehen die ⑥ **Überblendbereiche**, die Sie bei großem Zoomfaktor kontrollieren. Falls notwendig, verschieben und transformieren Sie einzelne Quellbilder und ⑦ **Rendern** neu.

Das Stitching korrigieren

Übermalen Sie bei Stitchingfehlern mit ① **Zur Quellbildmaske hinzufügen** die leicht abgedunkelt dargestellten ② **Überlappungsbereiche**, um Affinity Photo zu veranlassen, das Stitchen in diesen Bereichen neu zu rechnen. Über ③ **Rendern** starten Sie eine Neuberechnung des Panoramas. Dies geschieht zudem bei jedem Werkzeugwechsel. Mit ④ **Aus Quellbildmaske löschen** rekonstruieren Sie die vom Programm automatisch erstellten Überlappungsbereiche. ⑤ **Weiße Randbereiche** – sie entstehen durch die bei Stitchen erforderlichen Bildverzerrungen – werden automatisch beim ⑥ **Anwenden** gefüllt, wenn Sie zuvor ⑦ **Fehlende Bereiche per Inpainting ergänzen** nutzen.

Zuschneiden und Anwenden

Verwenden Sie ① **Zuschneiden**, wenn die weißen Bildränder nicht automatisch gefüllt werden sollen oder wenn Sie eine bestimmte Proportion für das Foto wünschen. Hilfreich ist in diesem Kontext, für das Overlay zum Beispiel ② **Drittelraster** oder **Goldener Schnitt** zu wählen, um eine Orientierung für eine harmonische Flächenaufteilung zu bekommen. Nutzen Sie ③ **Begradigen** etwa bei einem gekippten Horizont und ziehen Sie eine Linie entlang der Kontur, die horizontal oder vertikal ausgerichtet werden soll. Soll das Panorama in ein Layout passen, empfiehlt sich die Auswahl ④ **Absolute Abmessungen**. Mit ⑤ **Anwenden** wird das Panorama erstellt.

Gitterverzerrung

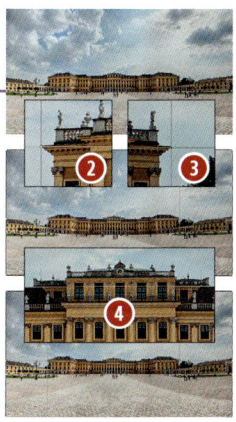

Bildfeldwölbungen, die beim Stitchen entstehen, entfernen Sie per ① **Gitterverzerrung**. Nach dem Stitchen suchen Sie einen ② **Referenzpunkt** und setzen ihn mit Doppelklick. Einen ③ **zweiten Referenzpunkt** setzen Sie dem ersten Knoten gegenüber durch einen Doppelklick auf die Rasterlinie und durch Verschieben der Linie bis zu Referenzpunkt. Ziehen Sie die Linie zwischen den Referenzpunkten so, dass die ④ **Biegung der Linie** zwischen den Punkten der Bildfeldwölbung entspricht. Wiederholen Sie dies bei Bedarf an weiteren Bildstellen. Mit dem Wechsel auf ⑤ **Ziel** in der Kontextleiste sehen Sie die Anpassungen, die durch das Werkzeug erfolgt sind.

Perspektive-Werkzeug

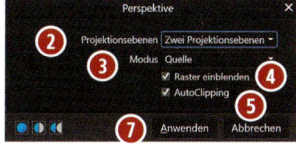

Perspektivfehler, die durch einen niedrigen Kamerastandpunkt oder durch das Stitchen entstehen, korrigieren Sie mit dem ① **Perspektive-Werkzeug**. Im Dialog wählen Sie die Zahl der erforderlichen ② **Projektionsebenen**. Stellen Sie ③ **Ziel** ein, wenn Sie das Ergebnis der Korrektur direkt verfolgen möchten oder **Quelle**, wenn Sie diese erst nach Klick auf **Anwenden** sehen wollen. Verwenden Sie ④ **Raster einblenden** nach Bedarf, lassen Sie ⑤ **AutoClipping** für bessere Ergebnisse aber aktiviert. Ziehen Sie die ⑥ **Knoten** des **Perspektiv-Overlays** so, dass die stürzenden Linien im Bild korrigiert werden. Vergleichen Sie das Ergebnis und klicken Sie ⑦ **Anwenden** für eine Änderung.

HDR Panoramen

Großen Helligkeitsunterschieden bei Panoramen begegnen Sie durch die Anfertigung einer Belichtungsserie, die Sie zu einem HDR-Bild entwickeln und in der Tone Mapping-Persona gestalten. Über den mit **Datei → Neue HDR-Komposition** aufgerufenen Dialog wählen Sie ein Bild und die dazu gehörenden Fotos der Belichtungsserie aus. Achten Sie darauf, dass ① **Farb-/Tonwerte für HDR-Bild zuordnen** nicht ausgewählt ist. Ist das HDR-Bild entwickelt, exportieren Sie das Ergebnis über **Datei → Exportieren** im ② **Open EXR-Format**. Diese Bilddateien fügen Sie später zu einem ③ **Panorama** zusammen, das Sie in der ④ **Tone Mapping-Persona** fertigstellen.

360°-Panoramen in der Live-Projektion I

Ein 360°-Panorama erstellen Sie wie jedes andere Panorama. Die beim Stitchen entstandenen Lücken füllen Sie auf, indem Sie **Equirectangulare Projektion** über **Ebene → Live-Projektion** starten. Damit ist es möglich, das Bild in der Vorschau nach Belieben zu bewegen. Drehen Sie das Bild so, dass Sie die ① **untere Bildmitte sehen**. Aktivieren Sie das **Restaurieren-Werkzeug** und ② **übermalen** Sie den fehlenden Bereich oder Bereiche, in denen vielleicht Ihr Schatten zu sehen ist. Aktivieren Sie das **Verschieben-Werkzeug** und kehren Sie mit Klick auf ③ **Live-Projektion bearbeiten** wieder in diesen Modus zurück. Wiederholen Sie die Arbeitsschritte, um alle Bildfehler zu retuschieren.

360°-Panoramen in der Live-Projektion II

Fügen Sie in der **Live-Projektion** Anpassungen hinzu, um das 360°-Panorama zu gestalten. Suchen Sie einen repräsentativen Bild-ausschnitt und wählen Sie in der Ebenenpalette die Pixelebene mit dem Panorama aus. Fügen Sie ① **Anpassungen** hinzu, um das Panorama nach Ihren Vorstellungen zu gestalten. Durch diese Aktion verlieren Sie wie bei der Retusche vorübergehend die Möglichkeit, im Panorama hin- und herzuschwenken. Nach Auswahl der Pixelebene können Sie jedoch wieder auf **Live-Projektion bearbeiten** klicken. Zum Speichern wählen Sie **Projektion entfernen** über **Ebene → Live-Projektion**. Mit einem ② **360°-Panoramaviewer** lässt sich das Bild nun betrachten.

Fokus Stacking

Die Erweiterung des Schärfebereichs beginnen Sie über **Datei → Neue Fokuskombination**. Über den Dialog fügen Sie die Bilder der Reihe hinzu. Affinity Photo kombiniert die Einzelbilder. Zoomen Sie das Bild und überprüfen Sie, ob die Kombination irgendwo nicht gelungen ist. Blenden Sie über **Ansicht → Studio** ① **Quellen** ein. Deaktivieren Sie die ② **Quellenvorschau** und suchen Sie durch Anklicken der einzel-nen Bilder im Stapel das Bild, das den falsch kombinierten Bereich in bester Qualität zeigt. Rufen Sie das ③ **Stempelwerkzeug** auf und stellen Sie die Werkzeugeigenschaften passend ein. Übermalen Sie den fehlerhaften Bereich. Aktivieren Sie zur Kontrolle die Quellenvorschau.

Fotos mit anderen teilen

Fotos werden auf vielen Wegen mit der Familie, mit Freunden und Bekannten geteilt. Drucken ist eine schöne Option. Damit der Druck gelingt, sollte Ihr Monitor Farben richtig darstellen. Wie das geht und wie Sie Fotos für den Druck vorbereiten, steht im Zentrum dieses Kapitels.

Eine verbindliche Farbwiedergabe des Monitors ist Grundvoraussetzung für erfolgreichen Druck, egal, ob Sie selbst drucken oder etwa ein Fotobuch bestellen. Ein erster Schritt dahin ist, den Monitor über das Betriebssystem einzustellen. Mit einem Kalibrierungsgerät stellen Sie die Farben mit technischer Präzision ein und erzeugen ein Profil, das die Darstellungsmöglichkeiten des Monitors beschreibt. Auf diese Weise können die von der Kamera gelieferten Farben auf dem Monitor bestmöglich reproduziert werden. Ein weiteres Farb-Profil sorgt dann dafür, dass die Umsetzung auf den Drucker ebenfalls bestmöglich gelingt. Da nicht alle Farben von je-

dem Gerät angezeigt oder gedruckt werden können, ist eine Umrechnung der Farben oft unvermeidbar. Die Umrechnungsmethode, der Rendering Intent, ist dabei von Fall zu Fall zu wählen. Meist werden die Rendering Intents Perzeptiv oder Relativ farbmetrisch verwendet. Im ersten Fall werden Sie die Farbverhältnisse bewahren, aber vielleicht eine geringere Farbsättigung bekommen. Im zweiten Fall wird die Umrechnung den Farbton bewahren, aber die Farben leicht verändern. Sie werden experimentieren und für jedes Foto neu entscheiden müssen. ICC-Profile für den Druck müssen Sie nicht selbst erstellen, Papierhersteller und Dienstleister, die Fotobücher

drucken, stellen diese in der Regel kostenfrei zur Verfügung.

Das Seitenverhältnis von Foto und Fotopapier passen nicht überein. Ein Skalieren ist erforderlich, das beste Ergebnisse bekommen Sie, wenn Sie dies über die Auflösung erledigen.

Der Begriff Auflösung wird jedoch unterschiedlich benutzt: Ihre Kamera bestimmt, wie viele Pixel aufgenommen werden. Die Druckerauflösung besagt, wie viele Druckpunkte (Dots per Inch: dpi) gedruckt werden können. Die Druckauflösung schließlich legt fest, wie viele Pixel auf einem Inch gedruckt werden (Pixel per Inch: ppi).

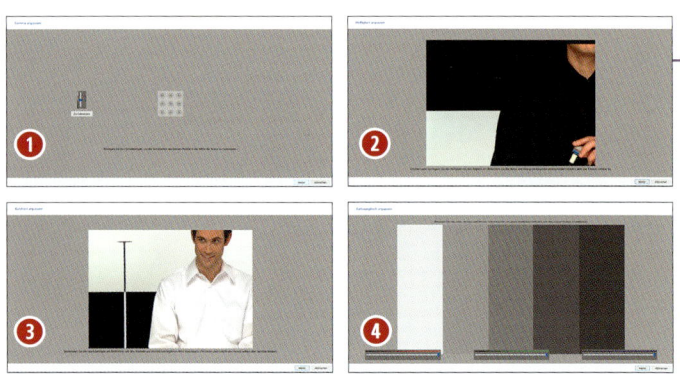

Windows Farbverwaltung

Mit der Bildschirm-Farbkalibrierung, die Sie über **Systemsteuerung** → **Anzeige** → **Farbe kalibrieren** aufrufen, sorgen Sie in vier Schritten für eine korrekte Farbwiedergabe, nachdem Sie den Monitor auf die Werkseinstellungen zurückgesetzt haben. Über die ① **Gamma-Korrektur** stellen Sie die Grauwerte des Monitors ein. Mit Einstellen der ② **Helligkeit** sorgen Sie für eine korrekte Wiedergabe der Tiefen. Ziel ist es, möglichst dunkle Tonwerte zu bekommen und gleichzeitig feinste Differenzierungen erkennen zu können. Bei der Einstellung des ③ **Kontrastes** gilt das auch, diesmal allerdings für die Lichter. Abschließend sorgen Sie dafür, dass Ihr Monitor keinen ④ **Farbstich** zeigt.

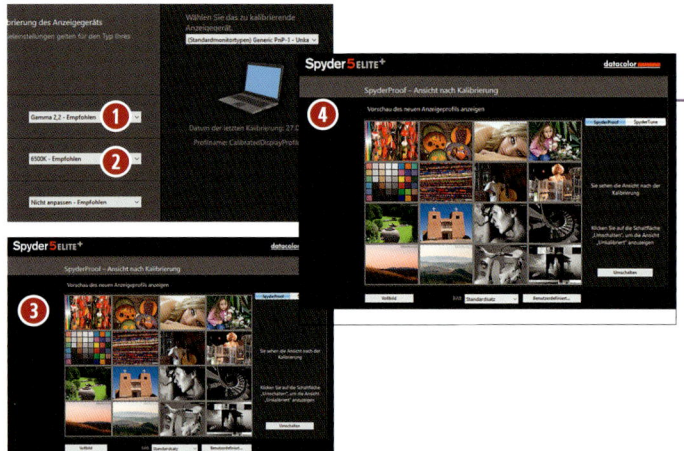

Monitorkalibrierung

Monitor- und Druckerprofile, die Sie mit einem Messgerät (Datacolor, xRite) erstellen, sind im Ergebnis präziser als die per Systemsteuerung erzeugten Farbeinstellungen. Wichtigster Unterschied ist, dass Sie während der Monitorkalibrierung den ① **Gammawert** und den ② **Weißpunkt** einstellen können (Gamma 2.2, Weißpunkt 6500K). Am Ende der Messung können Sie das ③ **Ergebnis** visuell kontrollieren und sehen, welchen Farbumfang Ihr Monitor darstellen kann. Für die Druckerkalibrierung benötigen Sie einen ④ **Messausdruck** auf dem später verwendeten Druckerpapier und mit der künftig genutzten Tinte. Ist das Papier getrocknet, werden die Messfelder ausgemessen.

ICC-Druckerprofile nutzen

ICC-Druckerprofile, die Sie mit einem Messgerät erstellen, sind präzise auf die von Ihnen genutzten Medien abgestimmt. Die Messung ist jedoch aufwendig und bei Veränderung von Tinte oder Papier zu wiederholen. Einfacher ist es, ICC-Profile von der Webseite des Papierherstellers herunterzuladen und so zu installieren, wie dies in der jeweiligen Dokumentation des Herstellers beschrieben ist. Damit Sie das richtige Druckerprofil verwenden, müssen Sie wählen, welchen ① **Drucker** und welches ② **Papier** Sie verwenden. In der Dokumentation ist beschrieben, welche ③ **Einstellungen** (Tinte, Papieroberfläche, …) Sie im Druckertreiber einstellen müssen.

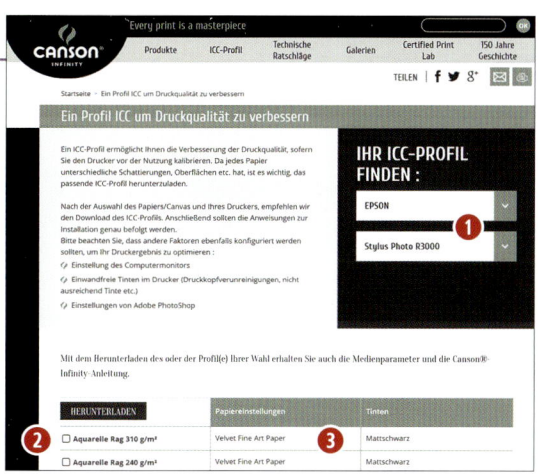

Dokumentgröße für Ausdrucke ändern

Der Kamerasensor bestimmt die absolute Bildauflösung. Abhängig vom Ausgabemedium (Drucker, Fotobuch, Webseite …) passen Sie die Auflösung an. Konkreter: Sie verteilen die vorhandenen Pixel über **Dokument → Dokumentgröße ändern** so, dass zum Beispiel 300 Pixel auf eine Strecke von 2,54 cm verteilt werden. Bei einer absoluten Bildauflösung von 3.000 Pixeln ergibt sich somit ein Ausdruck in einer Breite von 25,4 cm. Für den Ausdruck werden meist ① **240** oder **300 DPI** empfohlen. Deaktivieren Sie ② **Neuberechnung**, damit keine Pixel gelöscht oder hinzugerechnet werden. Nutzen Sie Neuberechnung, um das Bild (bei geänderter Dateigröße) zu skalieren.

(Absolute) Kameraauflösung	Druckerauflösung	Divisor	Druckauflösung	Druckgröße
		2	720 ppi	25,96 x 17,33 cm
		3	480 ppi	38,95 x 25,99 cm
7.360 x 4.912 Pixel	1.440 dpi	4	360 ppi	51,93 x 34,66 cm
		5	288 ppi	64,91 x 43,32 cm
		6	240 ppi	77,89 x 51,99 cm

Passgenau skalieren

Als optimale Druckauflösung für Fotos gelten 300 dpi (Canon/ HP) oder 360 dpi (Epson). Soll das Foto dem Papierformat angepasst, vergrößert oder verkleinert werden, muss man ein wenig rechnen. Suchen Sie im Druckerhandbuch nach der Druckerauflösung, diesen Wert teilen Sie durch 2, 3, 4 … Ergibt sich durch die Berechnung ein ganzzahliger Wert, so können Sie diesen für den Ausdruck verwenden und gleichzeitig auch zur Berechnung der Druckauflösung verwenden. Ist der Wert größer als die oben genannte Auflösung, wird das Bild im Ausdruck verkleinert. Ist der Wert größer, wird der Ausdruck vergrößert. Deaktivieren Sie in jedem Fall die Option zur Neuberechnung.

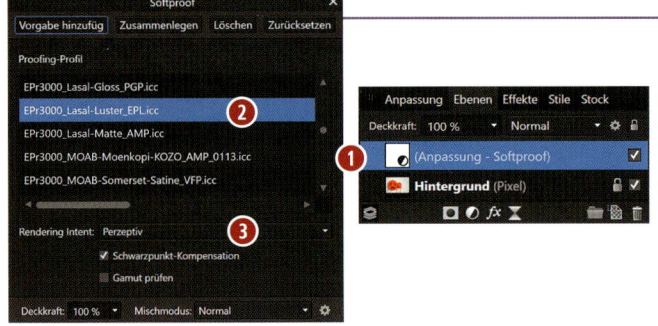

Softproof erstellen

Prüfen Sie kostensparend die Druckqualität vor dem tatsächlichen Ausdruck mit einer ① **Softproof-Anpassungsebene**, die Sie über **Ebene → Neue Anpassungsebene** dem Ebenenstapel hinzufügen. Im Dialog wählen Sie das ② **ICC-Profil** des von Ihnen verwendeten Papiers und den ③ **Rendering Intent**, den Sie beim Drucken verwenden werden. Die Monitoranzeige simuliert nun, wie das Bild im Druck aussehen wird. Falls Ihnen die Ausgabequalität nicht gefällt, optimieren Sie die Einstellungen, bis Ihnen das Ergebnis gefällt und experimentieren Sie mit unterschiedlichen Rendering Intents. In der Regel werden **Perzeptiv** und **Relativ farbmetrisch** verwendet.

Fotos drucken

Blenden Sie vor dem Druck den Softproof aus. Wählen Sie **Datei →
Drucken** und klicken Sie ① **Eigenschaften**. In der Regel werden
Sie ② **Fotodruckeinstellungen** wählen und den ③ **Medien-** und
Tintentyp entsprechend der Informationen des Papierherstellers
einstellen. Wichtig ist, dass Sie das Farbmanagement des Druckers
deaktivieren. Bei Epson wählen Sie **Modus → Aus**, bei Canon stellen
Sie über ④ **Farbe/Intensität Manuelle Einstellungen → Abstim-
mung** ⑤ **Keine** ein. Wählen Sie ⑥ **Farbverwaltung**. Verwenden Sie
den beim Proof genutzten ⑦ **Rendering Intent** und wählen Sie ⑧
Farbverarbeitung → Durch Programm erledigt.

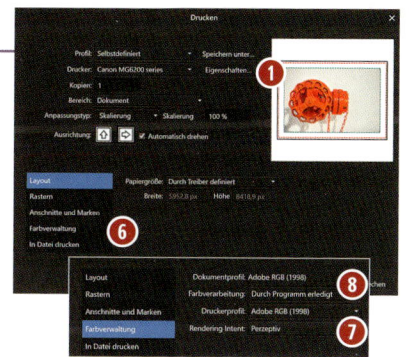
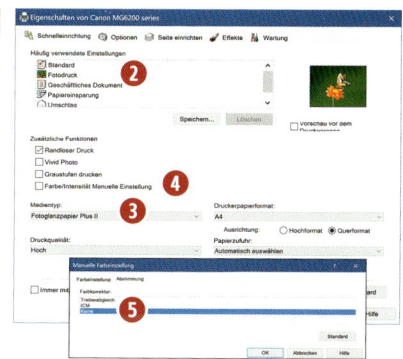

Bilder für das Web exportieren

Fotos für das Web rechnen Sie über **Dokumentgröße** auf 72 bis 90 ppi
herunter und exportieren über **Datei** im ① **jpg-** oder **png-Format**.
Fotomontagen als Grundlage eines Webseitenlayouts exportieren
Sie per ② **Export Persona**. Unter ③ **Exportoptionen** stellen Sie die
grundsätzlichen Exportoptionen ein. Um die Bildebenen der Fotomontagen als eigene Dateien zu exportieren, wählen Sie die ④ **Ebenen
in der Ebenenpalette** aus und klicken ⑤ **Slice erstellen**. Bei Bedarf
erstellen Sie mit dem ⑥ **Slice-Werkzeug** weitere Slices. In ⑦ **Slices**
können Sie nach Auswahl für jedes Slice eine individuell angepasste
⑧ **Exportoption** einstellen. Klicken Sie ⑨ **Slices exportieren**.

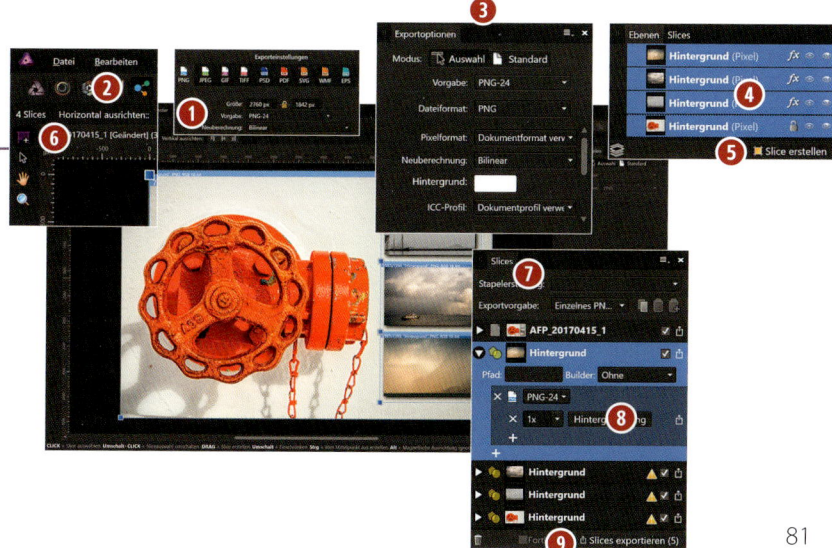

Eilean a' Cheò

Schritt für Schritt zur Postkarte

Affinity Photo ist ein leistungsstarkes Programm mit vielen Funktionen, die wir uns in den vorangegangenen Kapiteln im Detail angesehen haben. Dieses Kapitel stellt den allgemeinen Workflow in den Mittelpunkt und zeigt alle wesentlichen Stationen der Bildbearbeitung.

Affinity Photo bietet unzählige Mittel, Bilder zu bearbeiten. Eine Kernfunktion ist sicherlich die Option, verschiedene Bild- und Textelemente miteinander zu einem neuen Bild zu kombinieren. Was hier am Beispiel einer einfachen Postkarte gezeigt wird, begegnet Ihnen wieder, wenn Sie einen Titel für das nächste Fotobuch, den Jahreskalender oder ein Poster gestalten.

Damit dies gelingt, sind natürlich als erstes die einzelnen Bildelemente auszuwählen und gegebenenfalls zu optimieren. Abhängig von Ihrem fotografischen Workflow werden Sie dabei unterschiedliche Wege beschreiten: Während das RAW zunächst in der De-velop Persona entwickelt wird, öffnet sich das JPEG direkt in der **Photo Persona**. Erfolgt die Entwicklung in der **Develop Persona** nichtdestruktiv, sollten Sie beim JPEG-Bild durch die Verwendung von Anpassungen darauf achten, dass der Workflow reversibel ist. Bei Panoramafotos, HDR-Bilder oder wenn eine Fokuskombination erforderlich ist, werden Sie diese Arbeitsschritte voranstellen müssen.

Sind die Medien für die Montage fertig entwickelt, gilt es, sie zu kombinieren. Dazu können Sie eine leere weiße Ebene als Montagefläche nutzen. Neben der Wahl der richtigen Seitenabmessungen ist entscheidend, das neue Dokument mit der notwendigen Auf-lösung anzulegen und das passende Farbformat und -profil zu wählen. Sind die einzelnen Elemente auf der Montagefläche montiert, müssen Sie skaliert und verschoben werden. Dabei helfen Hilfslinien und Raster. Überlagern sich Montageelemente, sollten Sie die Reihenfolge im Ebenenstapel beachten oder durch Mischmodi, Deckkrafteinstellungen und mithilfe von Masken Transparenzen gestalten, was ohne Auswahlen oftmals nicht gelingt.

Vor dem Druck werden Sie das Bild schärfen und durch einen Softproof sicherstellen, dass die Farben im Druck möglichst nahe an dem sind, was Sie auf dem Monitor sehen.

JPEG-Dateien optimieren

Wählen Sie über **Datei → Öffnen** die JPEG-Datei für die Fotomontage aus. Sie wird in der **Photo Persona** geöffnet und optimiert. Zoomen Sie mit ⌘ ⨥ auf eine 100-Prozent-Vorschau. Bei gedrückter Leertaste verschieben Sie den Bildausschnitt und suchen etwa Sensorflecken oder andere Störungen. Wählen Sie das ① **Restaurieren-Werkzeug** und stellen Sie die ② **Pinselbreite**, **Deckkraft** und **Härte** passend zum gefundenen Fehler ein und verwenden Sie die Option ③ **Aktuelle Ebene & Darunter**. Retuschieren Sie die gefundenen Fehler durch Übermalen. Zum Abschluss führen Sie die Ebenen über das Kontextmenü und durch Auswahl von **Abwärts zusammenfügen** zusammen.

Anpassungen

Eine ① **Tonwertkorrektur** verteilt die Tonwerte im Foto so, dass der gesamte Tonwertbereich ausgenutzt wird. Im Dialog wählen Sie für ein optimales Ergebnis statt des ② **Masterkanals** nacheinander den **Rot**, **Grün** und **Blaukanal** und ziehen die Regler für Schwarz- und Weißstufe jeweils bis an den Anfang des Histogramms. Die Helligkeit des Bildes steuern Sie über den Gammaregler oder eine angepasste ③ **Gradationskurve**, die Sie ebenfalls als Anpassungsebene einfügen. Wählen Sie ④ **Luminanz** als Mischmodus, um die Änderung nur auf die Bildhelligkeit wirken zu lassen. Eine ⑤ **HSL-Anpassung** erlaubt es Ihnen, den Farbton, die Sättigung und Helligkeit von Farben anzupassen.

RAW-Dateien optimieren

RAW-Fotos öffnet Affinity Photo in der **Develop Persona**. Mit ① **Belichtung**, **Schwarzpunkt** und **Helligkeit** steuern Sie die Tonwertverteilung im Bild. Das ② **Histogramm** zeigt vorhandene Über- oder Unterbelichtungen an. Mit ③ **Kontrast** dunkeln Sie die Tiefen ab und hellen die Lichter auf. **Klarheit** erhöht den Kontrast an Kanten und simuliert so eine höhere Schärfe. Mit **Sättigung** und **Leuchtkraft** verändern Sie die Farbsättigung. **Leuchtkraft** verstärkt dabei nur weniger gesättigte Farben, während **Sättigung** alle Farben gleichermaßen sättigt. In **Objektiv** aktivieren Sie ④ **Objektivkorrektur** und ⑤ **Chromatische Aberration reduzieren**, bevor Sie **Entwickeln** klicken.

HDR-Kombination

Eine Belichtungsserie, die Sie zu einem HDR-Foto entwickeln und tonemappen wollen, öffnen Sie über **Datei → Neue HDR-Kombination** in der **Tone Mapping Persona**. Definieren Sie per ① **Vorgabe** den Startpunkt Ihrer Entwicklung. Über ② **Tonkomprimierung** steuern Sie, wie viele Tonwerte aus der Belichtungsserie übernommen werden. **Lokaler Kontrast** verwenden Sie, um den typischen HDR-Look mit deutlich akzentuierten Konturen und stark gesättigten Farben zu erzeugen. Feineinstellungen erfolgen über die Regler unter **Belichtung** und **Verstärken**, insbesondere aber über die **Gradationskurve**, die Sie für die Anpassung von Helligkeit und Kontrast verwenden.

Panoramen entwickeln

Panoramen stitchen Sie nach Aufruf des Befehls **Datei → Neues Panorama** zusammen. Wählen Sie über ① **Hinzufügen** die Einzelbilder eines oder mehrerer Panoramen aus. Mit ② **Zusammenfügen** starten Sie ein vorläufiges Stitchen. Die Resultate sehen Sie im Panoramen-Bereich des Dialogs. Wählen Sie das oder die Panoramen zur Bearbeitung aus und klicken Sie **OK**. Das Ergebnis wird Ihnen in der **Panorama Persona** angezeigt. Bei Stitching-Fehlern helfen Ihnen zwei Pinselwerkzeuge: **Zur Quellbildmaske hinzufügen** und **Aus Quellbildmaske löschen**, mit denen Sie markieren, welche Bereiche eines Fotos in das fertige Ergebnis übernommen werden sollen.

Exkurs: Speicherformate

Affinity Photo bietet Ihnen über **Datei → Speichern unter** die Datensicherung im eigenen AFPHOTO-Format an. Mit diesem Format stellen Sie sicher, dass alle Funktionen von Affinity Photo gespeichert werden. Das Format ist jedoch nur mit Serif-Produkten kompatibel. Verwenden Sie andere Editoren, wählen Sie **TIFF** oder **PSD** über **Datei → Exportieren…**, um Ebenen und Mischmodi auch dort verwenden zu können. **JPEG-** und **PNG-Dateien** haben den Vorteil, wenig Speicherplatz zu verbrauchen. Allerdings können nur bis zu 8 Bit-Farbtiefe gespeichert werden, statt der 16 Bit, die bei den zuvor genannten Formaten möglich sind, und es werden zudem alle Ebenen zusammengeführt.

Fotomontage erstellen

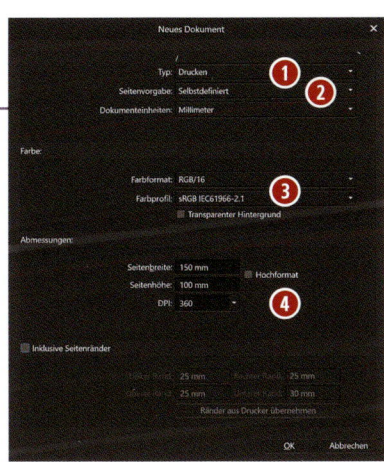

Sofern Sie nicht ein Foto als Hintergrund für eine Fotomontage aus-
wählen, beginnt die Arbeit an der Zusammenstellung mit **Datei** →
Neu. Im Dialog wählen Sie als Typ ① **Drucken** und bestimmen per
② **Seitenvorgabe** das Papierformat. In der Gruppe ③ **Farbe** wählen
Sie, ob das neue Dokument 8 oder 16 Bit Farbtiefe haben soll. Montie-
ren Sie überwiegend JPEG-Fotos, ist **RGB/8** die bessere Entscheidung.
Dominieren RAW-Fotos, nutzen Sie **RGB/16**. Über **Dokument** →
Farbformat können Sie dies bei Bedarf später ändern. Die genauen
Seitenabmessungen wählen Sie passend zu Ihrem Druckprojekt und
als **DPI-Wert** wählen Sie 300 (Canon/ HP) oder 360 (Epson).

Foto einfügen und skalieren

Ein Weg, Fotos in die Fotomontage einzufügen, besteht darin, die Bilder
in Affinity Photo zu öffnen und mit (Strg) (A) zu markieren. Mit (Strg) (C)
kopieren Sie das Foto in die Zwischenablage. Enthält das Foto jedoch
Ebenen und Masken kann es sinnvoll sein, mit (Strg) (⇧) (C) eine Kopie
zu erstellen, die den Inhalt aller Ebenen kopiert und nicht nur den
der gerade gewählten Ebene. Wechseln Sie zur neu erstellten, leeren
Datei. Mit (Strg) (V) fügen Sie das Foto in das Layout ein. Abhängig von
Auflösung und Abmessungen der Datei ist ein ① **Transformieren** mit
dem ② **Verschieben-Werkzeug** notwendig. Falls notwendig zoomen
Sie die Vorschau mit (Strg) (-) und (Strg) (+)..

Hilfslinien und Raster

Hilfslinien und Raster helfen Ihnen beim Layouten einer Fotomontage. Über **Ansicht** konfigurieren Sie sowohl **Hilfslinien** als auch **Raster und Achsen**. Für eine neue Hilfslinie klicken Sie ① **Neue horizontale** oder **vertikale Hilfslinie hinzufügen** und geben die Position der Linie als exakte Position in cm oder mm ein oder Sie verwenden Prozent. Zur Konfiguration des Rasters deaktivieren Sie ② **Auto-Raster verwenden** und stellen den Abstand der Rasterlinien und die Zahl der Unterteilungslinien ein. Raster und Hilfslinien blenden Sie über Ansicht ein oder aus. In der Kontextleiste aktivieren Sie ③ **Magnetische Ausrichtung**, um das Layouten zu vereinfachen.

Layouten

Neu eingefügte Bilder werden als Ebene im Ebenenstapel gezeigt. Beim Verschieben zeigt Ihnen Affinity Photo durch ① **rote und grüne Linien** an, ob Sie das Foto an der Hilfslinie ausgerichtet haben. Haben Sie mehrere Layoutelemente platziert und verschieben eines, zeigen ② **Markierungen** die gleichmäßige Verteilung der Layoutelemente und deren **Abstand** zueinander an. Zum Drehen des Layoutelements verwenden Sie den ③ **verlängerten Anfasser**. Verdecken sich Layoutelemente, ändern Sie dies schnell durch ein Verschieben der Ebene. In der Kontextleiste stehen dafür und für die Ausrichtung markierter Ebenen auch ④ **Funktionen** zur Verfügung.

Auswahlen einfügen

Soll ein Bildausschnitt in das Layout kopiert werden, wählen Sie das ① **Motivelement** mit einem Auswahlwerkzeug grob aus. Sind die Kontraste wie im Beispiel deutlich, eignet sich der Auswahlpinsel. Für feine Details wird die Pinselspitze verkleinert und der Zoomfaktor erhöht. Mit **Auswahl→Kanten verfeinern** optimieren Sie die bestehende Auswahl. Wählen Sie ② **Hintergrundmaskierung**, um die Randbereiche der Auswahl zu übermalen. Das Programm wird versuchen, die Auswahl zu präzisieren. Mit ③ **Vorder- und Hintergrundpinsel** kennzeichnen Sie diese Bildelemente für das Programm und mit ④ **Randschärfe** zeichnen Sie die Auswahlkante weich.

Deckkraft, Mischmodi und Masken

Pixelebenen, die im Ebenenstapel oben liegen, überdecken die darunterliegenden Bildelemente. Auf mehreren Wegen können Sie dies ändern: Sie können die ① **Mischbereiche** neu definieren und eine tonwertabhängige Ebenentransparenz schaffen. Sie können die ② **Deckkraft** für die gesamte Ebene herabsetzen, den ③ **Mischmodus** ändern oder Sie können eine ④ **Maske** nutzen, um Bereiche einer Ebene auszublenden. Dort, wo die Maske schwarz ist, werden Motivelemente der maskierten Ebene ausgeblendet, dort wo sie weiß ist, bleiben sie sichtbar. Graue Bereiche sind Übergangsbereiche. Bei einer Anpassungsebene wirkt die Anpassung nur dort, wo die Maske weiß ist.

Text einfügen

Text ist Bestandteil vieler Fotomontagen. In der Regel werden Sie Grafiktext einfügen, doch mit ① **Rahmentext** schaffen Sie Textfelder, in denen Sie Text ähnlich wie in einem Textverarbeitungsprogramm editieren können. Zum Einfügen von ② **Grafiktext** klicken Sie in den Vorschaubereich und ziehen zugleich die Maus, um die Schriftgröße (vorläufig) festzulegen. Wenn der Text geschrieben ist, ③ **markieren** Sie ihn, um ihn zu formatieren. Dazu stehen Ihnen über ④ **Zeichen** und **Absatz** alle aus der Textverarbeitung bekannten Optionen zur Verfügung. Text lässt sich wie jedes andere Layoutelement über ⑤ **Anfasser** positionieren, transformieren und drehen.

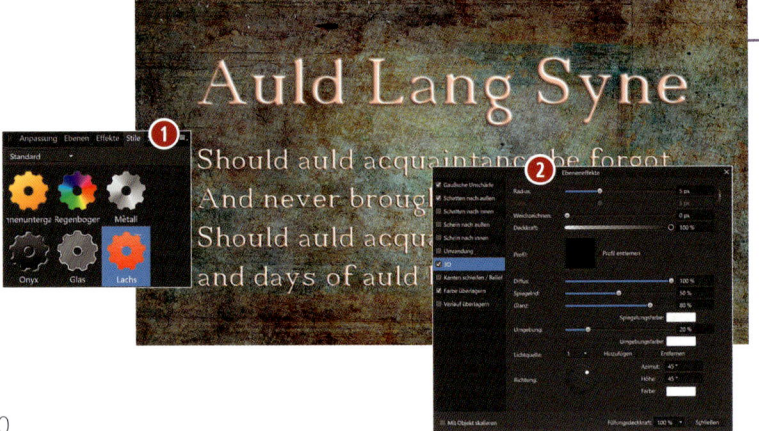

Stile und Effekte

Layoutelemente lassen sich durch Stile und Effekte hervorheben. Öffnen Sie die ① **Stile-Palette** und wählen Sie dort eine Stile-Kategorie. Gefällt Ihnen der Stil, aktivieren Sie die Ebene, der Sie den Stil zuweisen wollen, und ziehen den Stil in der Vorschau auf das Layoutelement. Finden Sie keinen geeigneten Stil, wählen Sie ② **Ebeneneffekte** in der Ebenenpalette. Im so geöffneten Dialogfenster aktivieren Sie den oder die Effekte, die Sie der ausgewählten Ebene zuweisen möchten. Zum Editieren wählen Sie den Effekt aus und verändern die Einstellparameter, bis Ihnen der Effekt gefällt. Über das Palettenmenü der **Stile-Palette** können Sie die Einstellung speichern.

Druckvorbereitung

Unscharf maskieren ist der in der Druckvorbereitung zumeist genutzte **Live-Filter** zur Schärfung des Fotos. Über das Kontextmenü einer Ebene wählen Sie **Sichtbare zusammenlegen**, wenn Sie die Ebenen nicht getrennt mit unterschiedlichen Werten schärfen wollen. Bei einem 100-Prozent-Zoom stellen Sie ① **Radius** und ② **Faktor** so ein, dass keine Lichtsäume an den geschärften Kanten zu sehen sind. Mit ③ **Schwellenwert** legen Sie fest, wie groß der Kontrast sein muss, damit der Filter überhaupt wirkt. Sollen in einem Bild nur partielle Schärfungen erfolgen, wählen Sie diesen Bereich aus, erzeugen eine Maskierung und schärfen den Bereich selektiv.

Softproof und Drucken

Erzeugen Sie eine ① **Softproof-Anpassungsebene** und wählen Sie das Farbprofil des verwendeten Druckerpapiers. Wählen Sie **Ebene →
Sichtbare zusammenlegen**. Passen Sie Helligkeit, Kontrast oder Farben für den Druck an. Deaktivieren Sie die Softproof-Ebene und wählen Sie ② **Datei → Drucken**. Klicken Sie ③ **Eigenschaften** und wählen Sie über den Druckertreiber Papier- und Tintentyp, Ausrichtung und Qualitätsstufe des Ausdrucks. Deaktivieren Sie das ④ **Farbmanagement** durch den Drucker. Zurück im Affinity-Druckdialog wählen Sie ⑤ **Farbverwaltung → Farbverarbeitung → Durch Programm erledigt**. Als ⑥ **Druckerprofil** wählen Sie das beim Softproof genutzte Farbprofil.

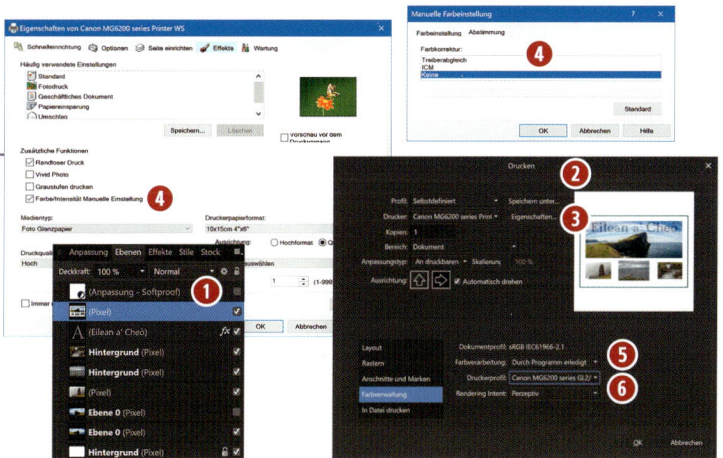

fotoforum Crashkurs
Affinity Photo
Peter Hoffmann

1. Auflage, 2019
ISBN 978-3-945565-13-1

© 2019 fotoforum Verlag, Ludwig-Wolker-Straße 37, 48157 Münster
www.fotoforum.de

Konzeption, Gestaltung, Satz: fotoforum-Verlag, Münster
Redaktion: Christian Beck, Karola Richter
Korrektorat: Karola Richter

Hinweise und Anmerkungen zum Buch:
redaktion@fotoforum.de

Die Deutsche Nationalbibliothek verzeichnet diese Publikation in der Deutschen Nationalbibliografie; detaillierte bibliografische Daten sind im Internet unter http://dnb.d-nb.de abrufbar.

Printed in Germany

Bildnachweis:
Titelseite, Rückseite: Alexey Suloev
Seite 6: Creative Market/show.it.better und Alexey Suloev
Alle anderen Bilder: Peter Hoffmann